FARKAS ANNAMÁRIA

Egész nap játék

A drámapedagógia alkalmazása az óvodában

novum pro

Ez a könyv
e-könyvként
is elérhető

www.novumpublishing.hu

ISBN 978-3-99107-594-3
Lektor: Sósné Karácsonyi Mária
Borítókép: Oksix | Dreamstime.com
Borító, tördelés & nyomda:
novum publishing
Illusztrációk: Farkas Annamária

A szerző által a kiadó rendelkezésére bocsátott képek a legjobb minőségben kerültek nyomtatásra.

www.novumpublishing.hu

TARTALOMJEGYZÉK

BEVEZETŐ GONDOLATOK

Egy óvodapedagógus számára van-e nagyobb elismerés, mint amikor a munkáról beszélve megkérdezem a gyerekektől: *„Mit dolgozom én az óvodában"*, és ők visszakérdeznek: *„Teeeee...?! Te csak játszol!"* Erről a végtelen játékról szól ez a könyv.

Nem elméleti szakkönyvet szándékozom írni, amivel felkeltem a drámapedagógia iránt érdeklődők figyelmét, hogy végül magukra maradjanak a miértekkel és hogyanokkal. Nem is „receptkönyvet", amelyből, ha pontosan adagolják a leírt játékokat, mindenkinél ugyanazt a hatást fejtik ki. Sokkal inkább hasonlítható munkám egy útikönyvre, amely elvezet a drámapedagógia színes világába, feltárja a benne rejlő lehetőségeket.

Gyakorló óvónőként magam is a gyakorlati segítséget, az új ötleteket értékelem elsősorban a szakirodalomban, ezért itt azokat az általam megalkotott és sokszorosan kipróbált eljárásokat írtam le, amelyek hasznosak, tanulságosak és jól alkalmazhatók mások számára is. Az elkerülhetetlen elméleti részeket igyekszem röviden, érthetően ismertetni, és sok személyes élménnyel, tapasztalattal alátámasztani.

Mivel a drámapedagógia terén nagyon kevés a konkrétan óvodára vonatkoztatható szakirodalom, még nagyobb a felelősségem, hogy kedvet ébresszek, segítséget adjak annak, aki most ismerkedik a módszerrel, ötleteket annak, aki már régóta alkalmazza munkájában.

Mi is az a „drámapedagógia"?

Az elnevezés sokakat elrettent attól, hogy közelebbről megismerkedjenek vele. Több ismerősöm hárította el csupán azért, mert színi nevelésre, tragédiára asszociált a szóról. Pedig a görög eredetű „dráma" szó „cselekvés"-t jelent. Irodalmi műfaj ez is, mint cselekvésben megjeleníthető mű. (Gondoljunk csak a dramatizálásra!)

A drámapedagógia természetesen nem azonos a drámával és a dramatizálással, de a fentiekből következik, hogy a cselekvésről – konkrétabban a játékos cselekvésről – szól, és a játékon keresztül gazdagítja a gyermek ismereteit, fejleszti képességeit és alakítja társas kapcsolatait.

Sok nézet ütközik a drámapedagógia neveléselméleti besorolásáról is. Mi is ez? Egy módszer? Tantárgy? A reformpedagógiák egyik újabb képviselője? Talán közelebb járunk a valósághoz, ha azt mondjuk, hogy mindegyik. Ha akarom, módszerként alkalmazom valamely pedagógiai vagy didaktikai cél megvalósítása érdekében, egyes iskolákban önálló tantárgyként él, de épülhet rá az **egész nevelési folyamat, amely a cselekvő, élményszerű megismerést és személyiségformálást tűzte ki céljául.** Én ez utóbbi változatot művelem.

Vallom, hogy a drámapedagógia olyan varázsszer a pedagógus kezében, amely az ő számára megkönnyíti, a gyermek számára pedig mindig megújuló élménnyé teszi a nevelési folyamatot.

Úgy vélem, hogy minden óvónő drámapedagógus is egy kicsit, ha nem is tud róla, hiszen a legtöbben ösztönösen is alkalmazzák a drámapedagógia eszközeit. Bemutató foglalkozásaim után mindig találkozom a „De hát ezt én is csinálom…!" jellegű felkiáltásokkal. Épp ezért áll hozzánk, óvónőkhöz oly közel a drámapedagógia, hiszen az ehhez szükséges adottságokkal és a nyitottsággal nagyrészt rendelkezünk, csak a tudatosságot kell erősíteni mellé.

A drámapedagógiával 1996-ban kerültem kapcsolatba, amikor az Apor Vilmos Katolikus Tanítóképző Főiskola szervezésében elvégeztem egy 120 órás intenzív tanfolyamot, majd ugyanott diplomáztam 2001-ben.

Már az első szárnypróbálgatásoknál megmutatkozott, hogy a drámapedagógia a gyerekekkel való foglalkozás egészen újszerű formáját kínálja a pedagógusoknak.

Eleinte csak önmagukért, mindenféle pedagógiai tartalom nélkül alkalmaztam a csoportban a számomra szimpatikus játékokat. Csak a tevékenységek napi értékelésénél döbbentem rá, hogy a gyerekeken tapasztalt pozitív változások összefüggenek a rendszeres játékkal.

Feltűnt, hogy javult a csoportfegyelem, a gyerekek önfegyelme, jobban odafigyelnek egymásra, nélkülem is megszervezik és irányítják a játékot, és a visszahúzódó gyerekeket is beszippantotta a csoport.

Ekkor kezdtem gondolkodni azon, hogyan tudnám ezt a fejlesztő hatást az óvodai nevelés minden területére kiterjeszteni, és már tudatosabban vizsgáltam meg a játékokat és a várható eredményeket. Innen csak egy lépés volt, hogy ha nem akadtam a célnak megfelelő játékra, akkor megalkottam a magam játékát. Végül eljutottam oda, hogy az ismereteket és a nehezen megoldható nevelési feladatokat egy eljátszható mesébe, egy interaktív mesejátékba olvasztottam.

A módszert, amely ilyen módon született, tanítottam akkreditált képzés keretében, kerületi mentorként munkaközösségekben, terjesztettem előadásokon, tréningeken, bemutató foglalkozásokon.

Remélem, az írott forma is vissza tudja adni azt a sokszínűséget, amellyel ez a megközelítés gazdagítani képes az óvodai nevelést.

NÉHÁNY ALAPISMERET

A drámapedagógiai szakirodalomban sajnos nagyon kevés olyan anyag található, amely kimondottan az óvodás korosztályra vonatkozik, és nyújt eligazítást a teljes személyiségfejlesztéséhez, ezért ránk, a dráma iránt elkötelezett, gyakorló óvodapedagógusokra vár a kutatás fáradalma és a felfedezés öröme. Ahhoz azonban, hogy ide eljusson valaki, valahonnan el kell indulni. A bemutató foglalkozásaim után az egyik legyakrabban feltett kérdés az indulásra vonatkozik, és ez érthető. Látnak nálam egy csoport „különleges" gyereket, akik képesek mindenféle csodára – de mit kezdjenek a saját „hétköznapi" csoportjukkal, hogy eljussanak erre a szintre? Főként: mit kezdjenek az apró háromévesekkel?

Alapozás

Az alapfeltétel, hogy mi magunk szeressünk és tudjunk önfeledten játszani. Az ilyen pedagógusnak nyert ügye van, mert különleges kapcsolatot tud kiépíteni a gyerekekkel.

A játékot kívülről irányító vagy nem őszintén lelkes felnőtt „felnőtt" marad a gyerekeknek, ellenben a másikkal, akiben pajtást, egyenrangú társat és megbízható vezetőt találnak.

Ha egy idegen csoportba megyek, egy jó játékkal kezdem az ismerkedést, hogy képet alkossanak rólam és elfogadjanak a gyerekek. Ezzel már elérhető, hogy mindenben együttműködjenek velem a továbbiakban.

A javaslatom tehát, hogy kezdő lépésként játsszunk nagyon sok szervezett játékot a gyerekekkel, akár minden koncepció nélkül is – a játék akkor is megkezdi „átváltoztatni" a csoportot. Az első ilyen változás, amit megfigyelhetünk, hogy fegyelmezettebbek lesznek a gyerekek.

Illesszük a napirendbe a szervezett játékot, és ismételjük gyakran azokat, amiket kedvelnek. Napi tíz perc is elég, hogy megszokják, igényeljék ezeket a játékperceket, és felnőtt beavatkozása nélkül is alkalmazkodjanak a játék megkövetelte szabályokhoz, rendhez (ezt hívom a játék önszabályozó erejének). A játékok kiválasztásánál azonban vegyük figyelembe a gyerekek képességeit és tűrőképességét, a napi állapotukat – hogy nagyon felpörögtnek, frusztráltnak vagy kókadtnak látjuk-e őket.

A szervezett, közös játék segít a közösség kialakításában, szabályozó erejénél fogva fegyelemre szoktat, és megteremti a játék „hagyományát". Megszokják, hogy amikor körbeálljuk a szőnyeget, akkor valami izgalmas dolog következik.

Ha a három alappillérünk – *a közösen végzett tevékenység elfogadása, a játékfegyelem és az örömteli részvétel* – megvan, kezdhetjük célzatosan alkalmazni a képeségfejlesztő játékokat.

Természetesen egy játék bármikor elővehető – az udvaron, alvás előtt az ágyban, várakozási időben, de beilleszthető egy tornába is.

A szervezett játékkal párhuzamosan már kiscsoportban kezdem nyitogatni a gyerekek képzeletvilágát és kommunikációs készségét. Ez spontán helyzetekben történik szabadjáték közben, reggeli alatt, öltözködésnél – amikor helyzet adódik hozzá.

Megszólalnak a kezemben a mindennapi tárgyak, és mesébe szövöm általuk a jelentéktelen óvodai eseményeket. Olyan helyzeteket teremtek ezekkel az alkalmi bábokkal, amelyekre valami módon reagálniuk kell a gyerekeknek. Eleinte talán csak lelkes, de passzív nézői a rögtönzött játékoknak, de lesznek, akik már a kezdet kezdetén válaszolnak az eltévedt kiscipőnek, szóba állnak a gyurma-kígyóval. A legkedveltebb figura a mindig „kéznél lévő" botladozó „kisember" (akit a mutató- és középső ujjam lépegető mozgásával imitálok).

Ezek már a szerepvállalás és az improvizáció előgyakorlatai. Olyan világot teremtek a gyerekek köré, ahol természetes, hogy minden tárgyból, helyzetből előpattanhat egy egyperces színház, és amelybe ők is észrevétlen természetességgel kapcsolódhatnak be.

Azok a gyerekek, akiket már az első perctől kezdve megkínálunk ilyen improvizációkkal, stabil alapozást kapnak az önálló mesealkotáshoz, az improvizációra épülő dramatizáláshoz, a magas szintű kommunikációhoz.

Ha már megteremtettük a szervezett játékhoz szükséges alapokat, elkezdhetjük a tudatos képességfejlesztést.

ÓVODÁBAN ALKALMAZHATÓ DRAMATIKUS TEVÉKENYSÉGFAJTÁK

1. Játékok, játéksorok

Az alapozásnál megszokott rendben folytatjuk a szervezett játékot, de itt már meghatározott koncepció alapján válogatunk a készletünkből. (Ehhez egy alapgyűjtemény található a könyv végén is.)

A megszokott játékperceket tehát már valamilyen koncepció szerint építjük fel – pl. napokon keresztül figyelemfejlesztő és anyanyelvi játékokat játsszunk. Mivel az anyanyelvi nevelés egyébként is áthatja az összes nevelési területet, az ide tartozó játékok nem „lógnak ki" semmilyen játéksorból, és változatosabbá teszik a játékperceket. A kedvenc vagy a több gyakorlást igénylő játékok ismétlődhetnek a napok során, de közben fokozatosan emeljük a nehézségi szintet az új játékokkal.

Hasonlóképp alkalmazhatjuk a játékokat az ismeretszerzés területén is. Pusztán játékokon keresztül kialakíthatjuk pl. a gyerekek testsémaképét; gyakorolhatják a színek, színárnyalatok felismerését, megnevezését; rendezhetjük az évszakokról szerzett ismereteiket stb. Ilyenkor a tematikus játéksort alkalmazom. Ez már egy magasabb szintet jelent, amikor gondolkodhatunk 20–30 perces terjedelemben is.

A tematikus játéksor összeállításánál érdemes figyelembe venni az alábbi szempontokat:

1. A csoport ismerete
– A csoport kor szerinti összetétele

Félig osztott vagy vegyes csoportban a kisebb gyerekek képességeihez igazítjuk a játékokat a foglalkozás első részében – amíg az érdeklődésük és figyelmük fenntartható. A nagyobbak kitartanak a nehezebb (szimbólum szintű, verbális) játékokig is, ezeket illesztjük a játéksor második részébe.

– A gyerekek fejlettségi szintje
Ha alultervezünk a játékokkal, akkor is jót szórakozhatunk, de nem lesz meg a várt fejlesztő hatás. A fölétervezéssel sem fejlesztünk – annál is inkább, mert ha túl bonyolult vagy nehéz a játék, egy perc alatt megunják a gyerekek. Nem egyszer fordult már elő velem is, hogy az ígéretesnek hitt játék kellő alapozás hiányában kudarcba fulladt – ilyenkor azonnal le kell cserélni, és eltenni arra az időre, amikor a gyerekek érettek rá (pl. figyelmük már elég tartós egy verbális játékhoz).

– A csoport jellemzői
A csoportfegyelem, a terhelhetőség, a gyerekek együttműködési szintje is meghatározó tényező, de még így is megeset, hogy a napi hangulat miatt igazítanunk kell a terven.

2. A tervezett idő
A játékok időigénye nagyon eltérő. Vannak pergő, gyors lefolyású játékok – ezekből többet is eljátszhatunk 20 perc alatt –, és vannak időigényes játékok, amelyeknél lehetőséget kell adni minden gyereknek a megszólalásra. (Ha lassú a gyerekek reakciószintje, inkább biztosítsunk külön alkalmat ilyen játékokhoz, mert egy játéksort nagyon elhúzna időben.)
A tervezett idő függ még a csoport tűrőképességétől, a napirendtől, a csoportlétszámtól is (minél többen vagyunk, annál hosszabb egy játék).
Egy alkalomra 5 játéknál többet ne tervezzünk, inkább ismételjünk gyakrabban a hét folyamán. A hosszúra nyúlt játéksor fáraszt, unalmassá válik, a gyakori, de rövid játék felpezsdít.

3. A foglalkozás íve
Fontos az első és az utolsó játék jó megválasztása. Az első játékkal megalapozzuk a gyerekek játékos kedvét, így hosszas moti-

váltságot válthatunk ki. Egy vidám, érdekes játékkal könnyen elérhetjük ezt. Fontos azonban, hogy ne pörgessük fel túlságosan a gyerekeket, mert a későbbiekben ez gátja lehet a figyelemnek. Az utolsó játék szintén mozgalmas és vidám legyen, hogy mindig úgy fejezzük be a foglakozást, hogy „De jót játszottunk!",

4. A monotónia elkerülése

Hasonló típusú játékokból (szavak gyűjtése más-más szabályokkal) csak egyet tervezzünk, vagy legalábbis ne illesszünk egymás mellé, mert könnyen elveszíthetjük a gyerekek érdeklődését. Ügyeljünk a mozgásos és verbális játékok arányára és ezek váltogatására.

5. Szervezési szempontok

A tervezésnél figyelembe kell venni a játékok tér- és eszközigényét. Érdemes egyféle eszköz köré építeni – így is változatos játéksort állíthatunk össze –, mert a gyakori eszközváltás, ezek kiosztása, összegyűjtése sok állóidővel jár, s az érdeklődés rovására mehet. Hasonló a helyzet a térrel, mert az átrendezés megszakítja a foglalkozás ívét.

A játékok tára kimeríthetetlen! A legtöbb játék nagyon sokoldalúan felhasználható, ha **más tartalmat** adunk nekik. A „Gyűjtögetős" játékkal bármilyen témakörhöz kapcsolódhatunk, legyen szó évszakokról, mesefeldolgozásról, háztartási ismeretekről, karácsonyról stb. Csak rajtunk múlik, milyen tartalmat adunk neki.

Megváltoztathatjuk a játékok szabályát, a nehézségi fokát, tehetjük dinamikusabbá egy új elem beépítésével, hogy ilyen módon a csoportunk fejlettségéhez, jellemzőihez igazítsuk ezeket.

A foglalkozás tervezésénél azonban támaszkodhatunk a saját ötleteinkre is. Ezek az általunk **kitalált játékok**, amelyek leginkább illeszkednek a csoportunk sajátosságaihoz, ezért nem véletlen, hogy ezek lesznek a legkedveltebbek a gyerekek körében.

2. Dramatikus játék

Ide tartoznak az improvizációs játékok, helyzetgyakorlatok, kommunikációs játékok, tehát amelyekben szerepbe léptetjük a gyerekeket.

Egyszerűbb formában már kicsikkel is játszható némelyik dramatikus játék, de középső csoporttól rendszeresen alkalmazom. A nagyokkal már nagyon komoly szintre juthatunk – pl. a „Beleszólásos mese", amikor a bekiabált szavakat be kell építeni az improvizált történetbe; a „Néma igazgató", amikor csak metakommunikációval adhat instrukciókat a játékot vezető gyerek; a „Forró szék", ahol egy meseszereplőt megszemélyesítő gyerekkel készít interjút a csoport stb.

Nincs alsó határ arra, hogy mikor vezetek be egy játékot – mindig a csoport és az egyes gyerekek fejlettsége alapján döntöm el, hogy léphetünk-e egy szintet.

A dramatikus játékokat ritkán teszem szervezett játékká, mert a nap bármelyik részében játszhatók – nincs eszköz- és helyigényük, nem szükségesek előkészületek sem. Kisebb csoportban kezdeményezve a nagyjából azonos képességűekre szabhatom a nehézségi szintet, és több a szereplési lehetősége egy-egy gyereknek. (Egyéni fejlesztésben is gyakran alkalmazom.)

Egy kezdeményezésnél lekuporodom a szőnyegre, leemelek a polcról valamilyen játékot – pl. egy házat, egy lovat. Ez már odacsalja a villámmeséken edződött gyerekeket. Felteszem a lovat a ház tetejére, és jöhet a mese. Mindenki elmondja öt-hat mondatban, hogy szerinte mi történhetett, hogy került a ló a tetőre. Ha kimerültek az ötletek, módosítok a színpadképen. Menesztem a lovat, és egy-egy emberfigurát teszek egy autóba meg a ház elé.

Természetesen ők is változtathatnak a képen, ha új ötletük támad.

Nem ritka, hogy kiscsoportosok is odaülnek és nézik a nagyokat, vagy leutánozzák a történeteiket, de akadnak olyanok is, akik a saját történetüket adják elő két mondatban. (A vegyes csoportos kicsik korábban kezdenek improvizálni is.)

A helyzetgyakorlatok, mozgás-imitációs játékok jobban működnek teljes csoportban, mert a „bohóckodásnál" a közönség motivációs tényező. Sokszor előfordul szabadjáték idején, hogy 2–3 nagycsoportos kezdeményez valamilyen dramatikus játékot, de rövid időn belül odagyűlik szinte az egész csoport (ez különösen így van a Néma igazgatónál, amit *„Mutogatós"* néven illetnek a gyerekek).

A dramatikus játékok nagy szerepet kapnak a személyiségfejlesztésben. Nagy mértékben építenek a gyerekek önállóságára, együttműködésére, szervezőkészségére. Korlátlan teret kap a gyerekek önkifejezése, önérvényesítése, kialakulnak az egyéni stílusok és kinőnek a vezéregyéniségek.

A játékgyűjtemény mellett több dramatikus játék részletes ismertetése található a későbbi fejezetekben is.

3. Mesedramatizálás

Mivel ennek egy önálló fejezetet szántam, itt csak röviden vázolom a lényeget.

A dramatizálás – a mese előadása képzelt térben a szereplők megszemélyesítésével – minden óvodában alkalmazott eljárás. Itt azonban azt a fajta megközelítést mutatom be, amikor a dramatizálás nem cél, hanem eszköz – a személyiségfejlesztés eszköze. A gyerekek ismerik a mese cselekményét; minden mást, ami a dramatizáláshoz szükséges, együtt alakítunk ki – a szöveget, a mozgásokat, a jeleneteket. Ezek nem rögzített jelenetek, ahogy a szereplők karakterét, szövegét is minden gyerek a maga képességei szerint formázza – mi csak célzott játékokkal segítjük őket ebben. Az egész dramatizálás improvizációra épül, kizárólag párbeszédben zajlik, nincs narrátor.

Előfordul, hogy 4,5–5 éves gyerekekkel már alkalmazhatom ezt a módszert.

4. Interaktív mese

Nem könnyű röviden kifejteni, hogy mit is jelent, amit én interaktív mesének hívok, mert ennél összetettebb valamiről van szó. A szakirodalomban tanítási dráma néven szerepel, az ihletet is innen merítettem, de ez egy kicsit más: egy olyan mese, ami magában foglalja az összes nevelési célt, amit az adott foglalkozáson szeretnék elérni. Ez a módszer akkor nélkülözhetetlen, ha a gyerekek számára nehezen érthető problémát (vagy témát) szeretnék feldolgozni – pl. a környezetszennyezés, az előítéletek, egy nemzeti ünnep stb.

Óvodás gyerekeknek nem tarthatunk bonyolult előadásokat a témáról – de ha belehelyezzük őket egy fiktív szituációba, amely tartalmazza az adott problémát, azzal részeseivé válnak annak, és megértik a lényegét.

Az ilyen játékhoz nem írok egy kész mesét, csak egy mesevázlatot, ami majd a gyerekek részvételével, a dramatikus játékban bontakozik ki. Ha egy mesébe helyezem őket, a problémahelyzetekre nem kívülállóként néznek, hanem érintettként élik meg azokat, minden érzelmi vonzatukkal együtt. Az „érintettség" és az ebből fakadó érzelmi átélés érthetővé teszi a problémát – lehet, hogy nem tudják mindannyian szavakba foglalni, de még a gyengébb képességűek is érzik, hogy MIÉRT PROBLÉMA a probléma. A játékban azonban nem csak megismerik a problémát, hanem megoldást is keresnek rá. Ezért nem is passzív résztvevők, hiszen a problémahelyzeteket nekik kell megoldaniuk, amivel el is téríthetik az általam tervezett cselekményt. A megoldáson olyan izgalommal dolgoznak, mintha valóságos lenne a helyzet, ahogy az érzelmek is valóságosak, amit a cselekmény során megélnek.

Egy izgalmas mesejáték hosszantartó emlék marad, a hozzá fűződő érzelmek pedig rögzítik azokat az üzeneteket, amiket a játékkal közvetítettem feléjük.

A DRÁMAPEDAGÓGIA LEHETŐSÉGEI A SZEMÉLYISÉGFEJLESZTÉSBEN

Szociális készségek és attitűdök

A legnagyobb eredmények, amelyeket a drámapedagógia segítségével elérhetünk, a szociális nevelés terén mutatkoznak meg. Az együtt játszás már önmagában is segíti a közösséggé válást, amit csak erősíteni tudunk a tudatos játékválasztással.

Kapcsolatteremtés

– Kapcsolat a csoporttal

Adva van egy kiscsoportos korú gyermek, aki senkivel nem hajlandó kommunikálni, durván elhárít minden közeledést gyerektől, felnőttől egyaránt. Mit tehetünk ilyenkor?

Ne zaklassuk, de a játékkezdeményezéseket lehetőleg mellette vagy a közelében indítsuk! Látni fogjuk, hogy figyel, néha el is mosolyodik, ha azt hiszi, nem figyeljük. Ezután helyezkedjünk úgy, hogy „véletlenül" ő is bekerüljön a játéktérbe. Kínáljuk neki is oda a körbejáró tárgyat. Elsőre talán nem fogadja el, de belül nagyon vív önmagával, és pár nap múlva már nem tiltakozik. Az egyéni közeledést még elutasítja, a csoportét eltűri. (Ne felejtsük el, hogy új munkahelyen a felnőtt is előbb alakít ki egy felületes kapcsolatot a közösséggel, barátságokat csak később köt.) Ha bemegyek egy idegen gyerekcsoportba, egy jó közös játékkal előbb elfogadtatom magam, mintha mindenkivel egyénileg próbálnék ismerkedni. A fenti kiscsoportosnak is könnyebb, ha előbb a csoporthoz tartozást tapasztalja meg. Még meglapulhat személytelenül, de már közöttünk van. Egy játék után, amiben ha némán is, de részt vett, már nem fog annyira idegennek látni minket.

– *Páros kapcsolatok*
Ha a csoportot már elfogadja, kezdhetjük terelni a páros kapcsolatok felé a megfelelő játékokkal. Pl. séta a térben, jelre párosával beállni egy karikába. A mi kis félszegünk (vagy durván tiltakozónk) drukkolni fog, hogy álljon már be mellé is valaki. Még most is személytelen maradhat, de már ott vannak ketten egy karikában, és ez valamiféle összetartozást jelent.

A következő lépés az **érintés**. Itt már nem egy karikában állnak kettesével, hanem kézfogással alakítanak párt. Ez már nagy előrelépést jelent a gyermekünk esetében. Már be fog állni a körjátékokba, nem idegenkedik az érintéstől. És lassan – ő maga sem veszi észre – része lesz a közösségnek. A többiek nem a félrehúzódó duzzogót fogják benne látni, hanem a játszótársat, és ő sem kívülállóként szemléli a csoportot.

Fegyelem, önfegyelem

Aki csak rövid ideje alkalmazza a drámajátékot egy gyerekcsoportban, az is megfigyelheti a **játék önszabályozó erejét**. Ahhoz, hogy egy játékot jól végig tudjunk játszani, fegyelem szükséges – épp ezért nagyon alkalmasak a játékok a magatartásproblémák kezelésére is. A legszebb az egészben, hogy a szükséges fegyelmet nem mi csikarjuk ki a gyerekekből, hanem a játék hordozza magában. Nézzük meg ezt egy konkrét példán keresztül!

A *Cipőcserés* játéknál az elcserélt cipőket kell a „keresőnek" visszatenni tulajdonosaik elé. A gyerekek ülnek a székükön, és nem adhatnak semmilyen visszajelzést a keresőnek – nem nevetnek, nem szólnak, hogy másvalaki cipőjét kapták – pókerarccal várják ki a játék végét, amikor a kereső majd megkérdezi, hogy mindenki visszakapta-e a cipőjét.

Gondoljunk bele, mekkora önfegyelem kell ehhez a játékhoz! De mert a gyerekek fejben együtt dolgoznak a keresővel – ők is folyamatosan nyomon követik a cipők helyzetét –, nem érnek rá mocorogni, beszélgetni. A játék során olyan csend van a teremben, amit szántszándékkal is nehéz elérni egy 25 fős csoportban.

A játék bevezetésénél még lehetnek segítő szándékú gesztusok, de a kereső szerepében mindenki megtapasztalja, hogy a jelzésekkel beavatkoznak az ő feladatába, és a sikerélmény is kisebb, ha nem ő oldotta meg egyedül. Ez pedig elég ahhoz, hogy a későbbiekben ő se rontsa el a társai játékát.

Minden játék fegyelmez, nem csak az ilyen csendet igénylő, ülős játékok. Ha bemegyek egy teljesen felbolydult gyerekcsoportba, fejemre kötök egy kendőt, kezembe fogok egy seprűt és boszorkányhangon megszólalok, azonnal felfigyel minden gyerek, vagy játékot sejtve odajönnek hozzám. Ha ezután megkergetem őket a seprűmmel, úgy fog tűnni, hogy még nagyobb felbolydulást csináltam, pedig csak kieresztik a gőzt. A hangok már az izgalom és öröm hangjai, nem a céltalan kiabálásé, civakodásé.

Egy ilyen alkalommal az új felmosó mopot kaptam fel. A nyelére állítottam, így a „haja" ráborult a kiszélesedő nyakrészre, és így egészen emberi formát öltött. A beszélő mop nagyon barátságos volt, mindenkit meg akart ölelgetni, amitől ugyanúgy menekültek, mint a boszorkánytól.

Ilyen energialevezető játék a **Zoknicsata** is, amit azért neveztünk el így, mert csak cipő nélkül játszható. A játék egyszerű: egy behatárolt téren (szőnyeg) küzd két fél, hogy ki tud rálépni a másik lábára.

Hogy mi a fegyelmező egy ilyen harci játékban? A szabályok. Hogy a kezüket nem használhatják, tehát nem lökdösődhetnek; hogy csak lábujjal szabad rálépni az ellenfél lábujjára, tehát nem döngölhetik be sarokkal a földbe, nem ugorhatnak rá a másik lábára. Tudatosítom bennük, hogy úgy kell találatot elérni, hogy közben nagyon vigyáznak a társunkra, véletlenül sem okozhatnak fájdalmat egymásnak. Gyakran hívom ki egy mérkőzésre a nagyon vad vagy felpörgött gyerekeket. Ezt nagy örömmel veszik, mert velem mindig jobban szeretnek vívni, mint egy társukkal, én pedig kontrollálni tudom őket.

Másik kedvelt erőfitogtató játék az **„Emeljük fel!"** *(Kaposi L.)* Ilyenkor egy fekvő helyzetű gyereket emelünk a magasba. A vállánál én tartom, ketten tartják a két lábát, 2–2 gyerek (vagy több) kétoldalt emeli a törzset. (Ha letesszük, szabály, hogy először a lábat helyezik a földre, aztán a törzset és végül a vállat.)

A játék azt mutatja meg egy hősködőnek, hogy lehet ő nagyon erős, de vannak helyzetek, ahol egyedül nem, csak a többiekkel együtt boldogul.

Ha már kellően óvatosnak látom őket, nélkülem is emelhetnek, de kizárólag akkor, ha felügyelem a műveletet. De volt olyan csoportom, akik engem, majd a dadusnénit is felemelték – igaz, akkor legalább tizennégyen felsorakoztak a két oldalon az emeléshez, és csak 30–40 cm magasságot engedtem.

Egy egyszerű hétköznap reggel. Két asztalon még kint van a reggeli, a többiek játszanak. Jobbra látható az „Improvizáció" c. résznél említett buborékfólia szőnyeg (amin jó ugrálni); a háttérben egy beomlott sátor, aminek a tulajdonosa talán reggelizik; elöl pedig egy fóliazsákban húzzák egymást a parkettán (máskor egy kisebb pléden utaznak).

Merjünk „rendetlenkedni"! Tévedés azt hinni, hogy az ilyen rohangálós játékkal csak túlpörgetjük a gyerekeket – épp ellenkezőleg: lenyugtatjuk őket. A rossz feszültséget kellemes izgalommal cseréljük fel. Amikor nagyon „rendetlen" egy gyerekcsoport, az azt jelzi, hogy felborult a komfortérzetük. Talán túl sokan vagyunk, nem férnek el egymástól az építményeikkel, idegesítő a magas zajszint, ráadásul épp elvette valaki azt a tűzoltóautót vagy társasjátékot, amit ők akartak. Nő bennük a feszültség, és ettől már nincs messze az agresszió. Hát nem a legjobb, amit tehetünk, ha jól megkergetjük őket egy vicces tárggyal? Ilyenkor már nem baj, ha sokan vagyunk: egy fogócskában sok jó ember elfér. Ha kitombolják magukat, helyrebillen a komfortérzetük, nyugodtabbak lesznek, még a tömeget is jobban tolerálják.

Baleset, összekoccanás még sosem volt a legviharosabb játékból sem – nagyon vigyáznak egymásra ilyenkor. Még bocsánatot is kérnek, ha véletlenül súrolják egymást.

A „gőz kiengedésére" minden játék – a nyugodtabbak is – alkalmas. Az, hogy vége az idegesítő káosznak, és kapnak a helyébe egy jó hangulatú közös játékot, már elég lehet. Pl. zenére adogatnak egy mérges macit. Ha megszakad a zene, a maci „támad" – az a gyerek, akinek a kezében maradt a zene kikapcsolásakor, „megküzd" a plüssjátékkal.

(A „támadó maci" gyerekötlet volt. Korábban csak simán adogattuk a tárgyakat a zenére, de amikor ez a tárgy egy nagy maci volt, az egyik fiú viccesen megfenyítette, amiért épp nála állt meg. Ez nagyon tetszett a gyerekeknek, és mindenki élt a fegyelmezés jogával, amit aztán a maci sem hagyott ennyiben. A következőkben nem is akarták a hagyományos módon ezt a játékot – a maci beépült a repertoárunkba.)

Az ötlet kiváló, hiszen remek mozgásgyakorlat, ahogy imitálják a pár másodperces birkózást, a hangulat pedig fergeteges. (Az ötletadót pedig megörökítette a csoportemlékezet, mert minden alkalommal megjegyzi valaki, hogy ezt a játékot XY találta ki.)

A rendszeres közös játék egy idő múlva a csoport általános fegyelmi szintjében is megmutatkozik. Ezt nem én állítom – a

bemutató foglalkozásaim után elsőként elhangzó megjegyzé-
sek mindig a fegyelmet dicsérték.

Nálunk nem kötelező sorban vonulni sem. Az állatkertben, a
múzeumban, az erdőben szabadon sétálhatnak olyan körön be-
lül, ahonnan ránk látnak, és tudunk szemkontaktust tartani.
A **szemkontaktus** ugyanis nagyon fontos kommunikáci-
ós mód! Ahogy megértik a „Mutogatós" igazgatójának instruk-
cióit, úgy olvasnak az arcunkról a hétköznapi helyzetekben is.
Elég egy szemöldökráncolás, egy helytelenítő fejrázás, hogy ab-
bahagyják, amivel ezt kiváltották. De ugyanígy érvényes ez a
dicséretre is, mert egy mosoly, egy lelkendező pillantás, elisme-
rő biccentés pont olyan értékű, mint a szavak. Ezért – mint egy
mongúzcsapatnál – a játszó gyerekek közül mindig kiemelkedik
egy kis fej, hogy ellenőrizzék, láttuk-e a jó teljesítményt, vagy
észrevettük-e a helytelenkedést. Ilyenkor, ha összetalálkozik
a tekintetünk, veszik az üzenetet és visszamosolyognak, vagy
egy „Hopp, lebuktam, bocsi"-t jelentő vigyorral válaszolnak.

Szabálytudat

Szabályokkal természetesen a játékon kívül is állandóan talál-
koznak. A legjobb, ha a beszoktatás idején nagyobb energiát
fektetünk abba, hogy a szabály ne „szabály", hanem „szokás"
legyen. (Ez eredményezi a legerősebb szabálytudatot.)
Az új kiscsoportosok óvodai pályafutásának első két heté-
ben a kolléganőm, a dadus néni és én is egész nap bent vagyunk
a csoportban. Ha egy gyerek feláll az építőjáték-kupac mellől és
új eszközért nyúlna, valamelyikünk ott terem és felajánlja, hogy
„segít" neki visszatenni a kockákat a kosárba. (A „segítés" arra
utal, hogy *ez az ő dolga*, de „mi ilyen kedvesek vagyunk".) Utána
jól meg is dicsérjük, hogy milyen rendszerető, amiért így elra-

kodik maga után. Valószínűleg ugyanezzel a gyerekkel ezt még eljátsszuk a nap folyamán 8-9 alkalommal, és a következő napokban úgyszintén, amíg meg nem szokja, hogy ez az óvoda így működik. Az is tény, hogy a felnőttektől nagyon sok energiát igényel ez a „szoktatás", hiszen ezt az indirekt szabályátadást el kell játszanunk minden gyerekkel a mosdóban, a terítésnél, az udvari játéknál stb. De megéri, mert két hónap múlva már nem kell figyelmeztetni őket semmire; nem marad otthagyott játék, automatikusan elrakodnak maguk után úgy, hogy ezt nem kényszerből, hanem megszokásból teszik.

A szabályok közül a legeredményesebbek azok, amelyeket együtt határozunk meg. Ez történik, ha egy új eszközt hozok be (pl. egy egyméteres, vastag rúd – amivel masszírozószalont nyitunk –, vagy egy új tornaszer); ha egy kirándulás illem- vagy biztonsági szabályait tárgyaljuk. Ezt hadd illusztráljam egy történettel:

Egy alkalommal, amikor a Természettudományi Múzeumba készültünk, elmeséltem a gyerekeknek, hogy a múzeumokban nagyon értékes tárgyak vannak, nagy katasztrófa lenne, ha bajuk esne; és hogy sokan tanulni mennek oda, mert csak ott tudnak tanulmányozni dolgokat. Ezután kérdeztem csak meg, hogy mire kell ügyelnünk ott. A gyerekek sorolták a szabályokat, amikre én olyan lelkendezve bólogattam, mintha nekem eszembe sem jutott volna, hogy nem kéne kiabálni, rohangálni stb. Végül megkérdeztem a többieket, hogy egyetértenek-e a szabályalkotókkal, és megszületett a törvény.

A múzeumban volt egy család két nagyon „eleven" gyerekkel. A kisfiú egyszer nekirohant egy zsámolynak – átesett rajta, a zsámoly felborult.

Hazafelé a buszon az én szabálytudatos gyerekeim nem a múzeumi látnivalókat tárgyalták, hanem felháborodva csóválták fejüket a „rossz fiú" viselkedésén – ahogy a zsémbes öregek nézik a „mai fiatalok"-at.

Ha a szabályokat én adtam volna parancsba indulás előtt, valószínűleg kevésbé sértette volna az erkölcsi érzéküket a látott kihágás, míg az általuk betartandónak ítélt viselkedési normákra nagyon ügyeltek

A fegyelemhez két dolog nagyon fontos: Az egyik, hogy a gyerekek ne érezzék úgy, hogy agyonnyomjuk őket a szabályokkal, a másik pedig, hogy stabil korlátokat építsünk fel. Ez egyáltalán nem ellentmondás! A korlátokkal egy tág, de biztonságos teret határolunk be a viselkedésben, amin belül teljes szabadságot kaphatnak a gyerekek.

Együttműködés

Egy pedagógusnak igazi élmény látni a gyerekeket, amint Bölcsek Tanácsaként töprengenek *„Zsuzsi kalandja"* fölött; amikor egy grandiózus – az egész homokozót kitöltő – homokvár elkészítésénél kiosztják a feladatokat egymás között; ha egy közös képen dolgoznak vagy „összeraknak" közösen egy mesét.

A játékgyűjteményben nagyon sok játék épül az együttműködésre, azokkal most nem foglalkoznék, itt most izgalmasabb tevékenységeket mutatok.

Sátor
Sátorépítésre mindig van lehetőségük a gyerekeknek a teremben – ehhez folyamatosan rendelkezésükre állnak a nagy csipkefüggönyök, plédek. De az igazi, amikor ez nem pár fő részvételével, szabadjáték idején zajlik, hanem egy egész délelőtti, közös programot jelent. Ilyenkor mindenki épít. Behozom a két nagy ruhafogast, a tornaszertárból az óriási, vastag műbőr tornaszőnyegeket, U alakú, létrás mászókát, rudakat, szobalétrát – bármit, amit felhasználhatnak az építkezéshez.

Mindenki nem tud saját kuckót építeni, ezért lakóközösségek alakulnak, akik közösen eldöntik, hogy hol, miből, hogyan építsenek.

A kész sátrakba aztán beköltöznek, lakomát rendeznek a baba-konyhai eszközökkel, hordanak be játékokat, beöltöznek jelme-zekbe. Eljárnak vendégségbe egymáshoz, minden sátrat meg-néznek beülről. A rakodás – ahogy az építés is – összehangolt munkát jelent. Együtt hajtogatják a hatalmas textíliákat, hordják a helyére az aztalokat. Akik hamar végeznek a saját sátruk felszámolásával, mindig besegítenek a többieknek.

Közös alkotások

A közös alkotáshoz közös élmény kell. Ez lehet egy kirándulás, egy kitalált mesével feldolgozott környezeti téma vagy egy ked-venc mese. Fontos, hogy mindenki személyes érzésekkel kap-csolódjon hozzá.

A következő példában a levegőszennyezésről szóló mesejá-tékunk (lásd *Füstmese* az „Interaktív mese" alatt) festményvál-tozatának elkészítését mutatom be.

Először megbeszéljük, hogy milyen legyen a kép – a város felett szürke, mellette, a zöldben kék az ég. Kell egy erdő, mert benne van a mesében, de lehet rajta egy tó is. Ezután eldöntik, hogy ki milyen feladatot vállal a munkában. Vannak, akik a kép hátterén dolgoznak (a kicsiket is ide szoktam terelni). Festéssel, hengere-zéssel, szivacsnyomokkal stb. megfestik a tájat. Az asztaloknál közben mások vágják a fákhoz a papírleveleket, rajzolják, színe-zik, majd kivágják az épületeket, járműveket, embereket, állato-kat. Hogy az arányok (ember, épületek) nagyjából megfelelőek legyenek a képen, különböző méretűre szabott lapokból választ-ják ki, mire dolgoznak. Ezzel csak támpontot nyújtok, nem sza-bályozom be, hogy melyiket mire használhatják – munka közben úgyis összehasonlítják, összemérik a rajzokat, és módosítanak, ha jónak látják. Én sosem szólok bele direkt módon a munkájukba.

Szeretik, ha én is köztük dolgozom – ilyenkor rendszerint ők osztják ki rám a feladatot (hogy mit kell rajzolnom a képhez).

A kész háttéren a kivágott házakkal, egyebekkel alakítgat-ják, megbeszélik a végső elrendezést – milyen legyen a város-kép, hova kerüljön a vonat, mi hiányzik még?

Ha megszáradt a festés, az alkotók a megbeszélt koncepció szerint felragasztják a műveiket. Ezután jöhet a kiegészítés: rajzolnak még a háttérre embereket, a vonatnak sínek kellenek, és persze, miért ne lehetne egy repülő is.

A közös alkotások sokáig díszítik a termünket. A parafatáblára tűzött képet gyerekszem-magasságban helyezem el a falon, mert nagyon szeretik nézegetni – mindig van előtte pár gyerek, akik találnak rajta megbeszélnivalót.

Tanítsák egymást!

Tanítottam a gyerekeket masnit kötni. A reggeli gyér létszámban elővettem az egyik lyukacsos fatáblát a cipőfűzővel és egykét gyerekkel sikerre is vittem a műveletet, míg a többiek megérkeztek.

A két tábla napközben is a gyerekek rendelkezésére állt, hogy gyakoroljanak. Ha valaki elakadt, az egyik kislány mindig szaladt, hogy segítsen neki. Én persze nagyon – és nagyon őszintén – hálás voltam ezért. A kislány ezután elkezdte önállóan

31

tanítgatni azokat, akik még nem kerültek sorra nálam. Ebből akkora szenzációt csináltam, amekkorát érdemel – felmagasztaltam mindenkinek a kis tanársegédemet. Ez elég inspirálóan hatott a többiekre is ahhoz, hogy ők is kerítsenek egy tanítványt. Nem kellett két hét, és mindenki megtanult kötni.

A tanítás más téren is működik – szívesen osztják meg a tudásukat másokkal, és büszkék a tanítványuk eredményeire. Így előfordult, hogy egy időre elborították a termet a papírrepülők, mert ez volt a népszerű tudomány, de tanulták egymástól, hogy hogyan kell hajót, boszorkányt rajzolni, megpörgetni az egyetlen lábán a nagy Pötyi-kúpot.

Ezekben a „tanításokban" az a jó, hogy vagy segítségnyújtáson alapulnak, vagy így kezdődnek: „Megmutatod, hogy kell…?" Tehát nem a tanítók erőltetik rá másokra, hanem kérésre osztják meg a tudásukat. Ennél nagyobb elismerést pedig nem is kaphatnának egymástól.

Tolerancia, empátia, egymásra figyelés, segítőkészség

Ez a négy jellemvonás mindig is erős volt minden csoportomban. Az élénk mozgással járó játékoknál, a sátorépítés bútormozgatásánál, a merészebb játékoknál (Emeljük fel, Zoknicsata) alapszabály az óvatosság. Nem szeleskednek, körülnéznek, mielőtt egy nagyobb tárggyal megfordulnak, hogy nincs-e a közelben valaki.

Azt is tudják, hogy vannak náluk erősebb fizikumú, gyorsabban futó, jobban rajzoló, mesélésben ötletesebb társaik, de mellettük mindenkinek megvan a maga erőssége. Van dalos pacsirtánk, van mesterfodrászunk, mókamesterünk stb. Ezek mind egyenragú érdemek! Senki nem szólja le a dadogós gyereket, a gyenge rajzot, a fociban való ügyetlenséget, mert tudják, hogy azok a gyerekek más területen jobbak.

A segítségnyújtás teljesen ösztönös. Ha valamivel nem boldogulnak egyedül (fel kéne fordítani egy asztalt a sátorhoz), elég egy általános kérdés, hogy „Segítene valaki?", és mindig van, aki feláll a társasjátéktól vagy az autópályától arra a két percre. De én se ejthetek le úgy valamit, hogy mielőtt földet érne, ne lennének már ott hárman, hogy felvegyék.

A sírva érkező gyereket körülveszik, vigasztalják, zsebkendőt hoznak neki, felajánlják neki a legnépszerűbb játékszert.

A fenti jellemvonások természetesen nem alakulnak ki maguktól, bár minden gyerekben ott szunnyadnak a csírái. Előhívásukhoz sokszor csak egy JÓ KÖZÖSSÉG kell – ezt pedig összekovácsolják a célzott játékok, élmények, a bolondozások, az állandóan jelen lévő humor. Ha mégsem menne a dolog ilyen automatikusan, jöhetnek a praktikák. Pl. történik egy kis baleset velem – leöntöm magam festékkel, vagy elbotlom és nekitántorodom a szekrénynek. Az ösztönös reakció, hogy nevetnek a gyerekek. Én nem nevetek. Leülök, látványosan sajnálom magam, nagyon elkeseredett képet vágok, úgy tűnik, hogy mindjárt sírva is fakadok, esetleg még tapogatom is fájdalmasan a könyökömet. A gyerekek elhallgatnak, fontolgatják, hogy ez most egy újabb ugratás-e a részemről. Én viszont panaszos hangon előadom, hogy ez volt a kedvenc pólóm, vagy hogy nagyon megütöttem a könyökömet, és nagyon rossz, ha ilyenkor még ki is nevetik az embert a nagy bajával.

Ettől mindjárt megesik a szívük rajtam – tippeket adnak a festékfoltról, simogatják a fájós pontomat. Én kinyilvánítom, hogy milyen jólesik, hogy ilyen kedvesek hozzám, és már nem is fáj annyira, ami fájt, és ez a póló igazából már elég régi, jó lesz a festős pólónak.

Ha a színjátékom helyett leteremtem őket, amiért kinevetnek valakit, attól még nem alakul ki bennük az empátia. De ha kihasználok egy ilyen helyzetet és csinálok belőle egy mini pszichodrámát, egészen mély érzésekbe tudom vinni őket. Teljes mértékben átélik a „bánatomat", a megbánásuk a kinevetés miatt nagyon őszinte.

Egy, maximum kettő ilyen jelenet elég ahhoz, hogy a kinevetés helyébe empátia lépjen. Ha az én balesetem után egy gyerek a széke mellé ül vagy kiborítja a gyöngyös dobozt, még lesznek, akik nevetni kezdenek, de már vannak olyanok is, akik a segítségére sietnek, és harciasan kiállnak mellette: „*Ez neked nevetséges...?! Szegény Zoli... Nem elég, hogy megütötte magát...?!*". A példa pedig ragadós, és az ilyen malőröknél nem a nevetés az első reakció. Lesz egy kis aggódó kivárás, hogy a szerencsétlenül járt nevetni fog-e vagy elkeseredik, és úgy reagálnak ők is. A segítség azonban egyik esetben sem marad el – felsegítik, aki elesett, és együtt szedik fel a földről a szétgurult gyöngyöket.

ÉRZELMI, AKARATI TULAJDONSÁGOK

Sikerélmény és kudarc

A sikerélményről közvetve már írtam. Az elismerésben én sem fukarkodom, de mennyivel többet ér, ha ezt a csoporttól is megkapja valaki! Ahogy említettem, nagyra tartják a gyerekek egymás érdemeit, és nem mérik össze, hogy a fizikai erő értékesebb-e vagy a rajztudás. Az improvizációs játékokban a nagy egyéni szerepet vállaló társakat lelkesen megölegetik a játék végén, mert „nagyon ügyesek voltak". Erre nem én tanítottam őket, nálunk ugyanis nincs vezényelt dicséret, kötelező megtapsolás. De észrevesznek és elismernek minden apró sikert vagy jócselekményt – a logikai játék megoldását, a kétbalkezes gyerek sikeres labdadobását a kosárpalánknál, egy bogármentést, egy társnak szóló kedves gesztust – és hangot is adnak az elismerésünknek.

A kudarc ismeretlen fogalom a drámajátékokban, helyette megerősítés van – a tudat, hogy valamit ő is hozzátett a játékban a közöshöz, ami fontos nekünk. Ez a megerősítés aztán túllép a játékokon, és más területekre is kihat az itt szerzett önbizalom.

A drámában alapszabály, hogy nem értékelünk a **közös** játékban (ahogy ugyebár egy fogócskánál sem csinálunk egyéni kiértékelést). **Nincs jó és rossz** meseimprovizáció, csak mesélés van, amit mindenkinek megköszönök egy szóval, biccentéssel, mosollyal. Ha kiemelem egyvalaki meséjét, azzal véleményt nyilvánítottam a többiekéről is. Mert a „nem-értékelés" is súlyos értékelés – őket már szóra sem méltatom...?! Ezután levonhatnak egy olyan következtetést, hogy az ő produkciójuk rossz volt, és legközelebb talán meg sem szólalnak.

A drámapedagógiában tehát nincs kudarc, de van sikerélmény – hiszen siker a jó hangulat; az, hogy élvezhetik a társaik figyelmét, elismerését; hogy meghallgatják őket, és még tovább is szövik az **ő** gondolatait.

A játék végén természetesen elmondom a **csoportnak**, hogy nagyon-nagyon jó volt velük játszani, **mert** csudajó mesét találtunk ki; **mert** még a kisangyalok sem ilyen fegyelmezettek, mint ők, vagy **mert** olyan gyorsan kinyomozták a feladott rejtélyt, mint az igazi nyomozók.

Aztán valamikor később, már az udvaron, mintegy mellékesen odasúgom egy-egy gyereknek, hogy kellemes meglepetés volt nekem, hogy ő is MESÉLT, vagy hogy ma csak úgy ontotta az ötleteket a „Zsuzsi-kalandok"-ban, esetleg megjegyzem, hogy ennyire vicces „Csodabéka", mint az övé, még nem járt nálunk.

Ha viszont dicsérünk, felejtsük el azt a két szót, hogy „Ügyes voltál!". Mindig indokoljunk! A gyerek is szeretné hallani, hogy miben volt ügyes, mi tetszett nekünk. Mi sem örülnénk, ha egy ellenőrző látogatás után az óvodavezető egy „ügyes voltál"-lal letudná az értékelést.

Önismeret önbizalom önérvényesítés

A korábbiakban már – ha konkrét szavak nélkül is – lépten-nyomon érintettük ezeket a területeket is, mert minden produktív tartalmú játékban benne van az önérvényesítés lehetősége; a siker, az egyéni erősségek elismerése önbizalmat ad és hozzájárul az önismerethez. (Tudják magukról, hogy mely területeken nagyon jók, és nem élik meg kudarcként, hogy más területeken vannak jobbak náluk.)

Érzelmi viszonyulás

Az érzelmek nagyon fontosak!

Kezdjük azzal, hogy a közösségépítés el sem képzelhető pozitív érzelmek nélkül. Ahol minden nap egy „jó bulit" jelent, ott előbb szilárdul meg a közösség, mint ott, ahol csak szimplán a szabályok működnek. A normák elfogadása is könnyebb azoknak a gyerekeknek, akik érzelmileg kötődnek az adott csapathoz.

Az érzelmi viszonyulás, a belső érintettség nélkülözhetetlen segítség az ismeretek megértésben is – szinte lehetetlen az érzelmek bevonása nélkül megközelíteni egy nehezen érthető erkölcsi kérdést, elvont fogalmat. Ilyenkor magyarázatok helyett olyan helyzeteket teremtünk, ahol megélik, átélik a problémát, majd egy kibeszélőjátékkal („Én azt üzenem a ...-nak, hogy...") teret adunk az érzelmek megnyilvánulásának.

Erre több példa is található az „Interaktív mese" címszó alatt, de ide tartozik az **empátia** vonatkozásában írt kis színjátékom is, amikor azt éreztettem, hogy a kinevetés milyen fájdalmas lehet másoknak.

Egy másik alkalommal, amikor nehezebb kérdéssel – az előítéletekkel – kellett megbirkóznom, a rögtönzött meséhez folyamodtam. Egy gyerek azzal jött panaszra, hogy valaki azt mondta rá, hogy „cigány". Megkérdeztem a gyerekeket, hogy mit jelent ez a szó – olyanokat válaszoltak, hogy „rossz, verekedős, nem dolgozik, lopós, piszkos stb.".

Pár órával később leültem a nagycsoportosokkal a mesesarokba, és előadtam egy rögtönzött kis történetet egy kis cigánylányról, aki megszökött az óvodából, mert csúfolták, pedig ő sosem bántott senkit, és soha nem lopott. Késő este is az utcán bolyongott, de akkor rátalált egy család. A lakcímét nem tudta megmondani, ezért nem kísérhették haza, így a család elvitte az ő otthonukba, hogy másnap bevihessék az óvodába. A család két gyereke és a kislány nagyon összebarátkozott. A kislány kedves volt, szelíd, vicces, és nagyon jó ötletei voltak a játékban. A másik két gyerek csodálkozott, mert azt hitték, hogy a cigány „rossz, verekedős, lopós, piszkos", ez a kislány pedig egyáltalán nem volt olyan. Másnap elvitték az óvodájába, de a barátság maradt, sokszor mentek el egymás otthonába, hogy együtt játszhassanak.

Ezután lefuttattam az üzenetküldős játékot, ahol a csúfolódó óvodásoknak üzenhettek.

A mesével azt akartam tolmácsolni, hogy nem szabad az előítéletek alapján ítélni, az egyént nézzék, és ne azokat általánosságokat, amit néhány gyerek otthonról hozott.

Az üzenetek mindegyike empátiát fejezett ki, tehát még a korábban „cigányozó" gyerekek is úgy gondolták, hogy ez a kislány – „bár cigány" – szeretetre méltó. Innen már könnyebben léphetnek tovább arra a szintre, hogy ha van egy „kivétel", akkor lehet több is. Elültetünk bennük egy kis kételyt az előítélettel szemben. Ennél többet nem érhetünk el az óvodában, ha nincs meg a szinkron a családi neveléssel, de adtunk egy más nézőpontot a gyermekeknek.

Az érzésekkel azonban vigyázni kell, mert nagyon **sérülékenyek**! Egy rosszul megválasztott gesztussal is maradandó sebet üthetünk a gyerekek személyiségén. Pl. valaki büszkén jelenti, hogy most, életében először bekötötte egyedül a cipőfűzőjét, de masni helyett csak egy gubancos gomolyag kókadozik a cipőn. Ezen akaratlanul is elnevetné magát az ember, amit a gyerek megszégyenítésként értelmezhet. Hiszen ő nekiállt és megpróbálta! Persze, hogy büszkén feszített, amikor szerinte elfogadható masnit produkált, mi pedig kinevetjük…

Még rosszabb, ha egy grimasszal értékeljük a „masnit", majd szó nélkül szétbontjuk a munkáját, és megkötjük rendesen a cipőfűzőt. A grimasz ez esetben is megaláz, a munkáját pedig semmibe veszi. Azonban – értékelendő a próbálkozást – mondhatom lelkesen, hogy ez egész jó masni, csak „kicsit laza", de mindjárt megmutatom, hogy lehet szorosabbra kötni. Ha most szóbeli irányítással, netán egy kis segítséggel igazítom ki a munkáját, nincs kudarc.

A kinevetés akkor is kellemetlenül érinti a gyereket, ha nincs bennünk bántó szándék, de ő nem érti, miért nevetünk. Én több évtizede gyűjtöm a gyerekszájakat (könyvbe fűzve csodálatos búcsúajándék minden iskolába menő csoportomnak a saját 3–4 évükből készült gyűjtemény), és bizony nagyon nehéz megállni, hogy egy kimondottan édes beszólásnál ne nevessek fel, hanem olyan komolysággal reagáljak, ahogyan az elhangzott. Bármilyen félresikeredett vagy abszurd egy gyermeki következtetés, ők azt a legjobb tudásuk szerint alkották meg, és nekünk ezt így is kell kezelnünk!

Még veszélyesebb az **érzelmi zsarolás**. Szerencsére ritkán élnek vele a pedagógusok, de előfordul (szülőként, házastársként könnyebben esünk ebbe a hibába). Nézzünk egy példát!

A szülő reggel a lelkemre köti, hogy reggeliztessem meg a gyereket, mert otthon nem evett. A gyerek viszont tiltakozik, amikor asztalhoz invitálom, mert sosem reggelizik az óvodában. Több lehetőség közül választhatok:

1. Ráparancsolhatok, de akkor csak ül dacolva, és *„csak azért sem!"* eszik.
2. Mondhatom mélabús szemrehányással a következőt: *„Pedig veled akartam reggelizni... De ha te nem eszel, akkor én sem, pedig jaaaaj, már nagyon éhes vagyok! Most miattad nem eszem ebédig...!"* Szerencsés esetben a gyerek vállat von és otthagy, hogy éhezzek nyugodtan, de aki zsarolható, rossz érzésekkel telve, de le fog ülni velem. Ezt a gyereket erős nyomás alá tettem (az érzelmein keresztül kényszerítettem), és bűntudatot keltettem benne, mert nem akarja, hogy éhen haljak. Enni is fog, de közben tele van rossz érzéssel, amiért sarokba szorítottam.
3. Megkérdezhetem: *„Ülhetek melléd a reggelinél? Anya mondta, hogy ma nem ettél otthon".* Bevethetek egy kis csalit is: *„Közben elmagyarázhatnád, hogy csináltad a kertekben azt a kis játékvárost."* Ha még tépelődik, folytatom: *„Megkérhetlek, hogy teríts meg nekem is?"*

Valójában – ahogy a parancsnál – most sem adtam választási lehetőséget, de státuszban magam fölé emeltem azzal, hogy most ő gyakorol kegyet felém, és úgy gondolja, saját döntése, ha megszán. Hiszen csak szívességet tesz nekem azzal, hogy mellé ülhetek, és büszke is arra, hogy őt választottam. Közben valószínűleg jóízűen megreggelizik.

Súlyosabb probléma, amikor **bocsánatkérésre kényszerítünk** egy gyereket. Igen, fellökte azt a kiscsoportost, és látja, hogy vérzik a szája, mert ráharapott az esésnél. Az is nyilvánvaló, hogy szándékosan tette, mert zavarta, hogy a kicsi belekontárkodik az ő építményébe – de látnunk kell, hogy megrettent attól, amit tett, bűntudata is van. Közben háborog az igazságérzete, mert joga van nyugodtan játszani, de az óvónéni persze a kicsi pártját fogja, őt pedig megbünteti, és még bocsánatot is kell kérnie! Ha megteszi, az biztosan nem őszinte, és a sérült gyereken sem segít, sőt erős ellenérzéseket vált ki. Ezért csak megkérem, hogy nedvesítsen be egy zsebkendőt, hogy letöröljem a vért. Míg törölgetem a kicsi száját, ő tehetetlenül toporog mellettem, és sokkal jobban le van sújtva, mintha leszidtam volna. Nagyon sajnálja a kicsit, óvatosan megsimogatja. Ez már őszinte megbánás, nem egy kényszerített bocsánatkérés. Közben megjegyzem, hogy ha nem tud szabadulni a kicsitől, jobb, ha szól nekem, mert látom, hogy nem érzi jól magát ettől a megoldástól.

Ő hálás lesz nekem, amiért nem teremtettem le, de elég büntetés a lelkiismeret-furdalás, amit érez, ha ránéz a kicsire. És eszébe fog jutni következmény a következő alkalommal, ha feldühítik.

A büntetéssel azt nyilvánítottam volna ki, hogy nem érdekel az ő álláspontja, az ő érdeke, magára hagyom a problémáival, amit a jövőben is a saját módszereivel – agresszióval – kénytelen megoldani.

A bocsánatkérést persze meg kell tanulniuk, de csak példaadással (nem kényszerítéssel) érhetjük el, hogy azt komolyan is gondolják. Ha hátralépve nekikoccanok a mögöttem téblábboló gyereknek, úgy reagálok, mintha hatalmas baleset történt volna. Lehajolok, megölelgetem, tele van a hangom megbánással, aggodalommal, miközben ezt hajtogatom: *„Bocsáss meg, nem akartam! Ne haragudj! Nem ütöttelek meg?"* Még ellenőrzöm is, hogy épségben maradt-e a koccanás után. Mindezt teszem olyan látványosan, hogy a fél csoport a tanúja legyen. Az áldozat valószínűleg érzi, hogy eltúlzom a „baleset" súlyosságát, de jólesik neki, hogy ennyire aggódom és gyötrődöm miatta, ezért kegyesen megsimogat és közli, hogy „semmi baj!" A többiek is nyugtázzák a bocsánatkérést (amit sosem intézek el egy könnyed „bocsi!"-val), helyénevalónak tartják a megbánásomat, mert „történhetett volna nagyobb baj is". Idővel megszokják, hogy hasonló esetben mindig így reagálok, és átveszik tőlem ezt a viselkedést. Nem formaságból, hanem mert a demonstrációim kapcsán átélik és megtanulják a szerencsétlenül járt gyermek iránti együttérzést.

A **félelem, az izgalom, a feszültség** elég gyakori kísérői az életüknek, ezért meg kell tanulni „kezelni" ezeket. Olyan helyzeteket teremteni, ahol biztonságosan kiélhetik a félelmeiket, tudva, hogy a végén minden jóra fordul.

Ezt nevezhetjük **„jó félelemnek"** is – gondoljunk az izgalmas mesékre, amikor kipirult arccal rettegnek a főszereplőért, a fogócskára, ahol egekbe szökött adrenalinszinttel menekülnek a fogó elől.

Még izgalmasabb, ha ezt az élményt egy történet szereplőjeként élik meg, nem egy hallott vagy látott mesében. Erre jó példa a „Kecskegidák és a farkas" c. interaktív mese. (Az ilyen játékokkal azonban óvatosan kell bánnunk. Fontos, hogy a gyerekek ne éljék bele magukat olyan mélyen, hogy kikapcsoljon a mesetudat, és mindig önként döntsék el, hogy részt akarnak-e venni a játékban. Arra is legyen módjuk, hogy menet közben szállnak ki a játékból.)

A kecskegidásnál kisebb feszültséggel jár, és gyakran előhető a **Boszorkányos játék** (ami valójában a „Kincsvadász" vagy „Őrjáték" c. játék másolata. A különbség csak annyi, hogy adok egy izgalmas **történetet** a játékhoz és egy hangsúlyos karaktert a boszorkánynak.

A gyerekek a terem egyik végében egy vonalban elhelyezik a saját kincseiket, majd felsorakoznak a terem másik végében. A boszorkány a kincsek vonalán túl, háttal áll a gyerekeknek, akik elindulnak a kincsekért. Ha a boszorkány neszt hall, megfordul, mire a gyerekek mozdulatlanná merevednek. Akit mozgáson kap a kincsek őrzője, az kiesik a játékból. Eddig mindenkinek ismerős a játék. Hogy mitől lett belőle a kedvenc feszültséglevezető játékunk? Hát a történettől és a negatív szereplőtől. A boszorkány ugyanis egy rémséges valaki, aki ellopta a gyerekek kincseit. A jelmez ugyan csak egy banyásan megkötött fejkendő és egy seprű, de a boszorkányosan rikácsoló hang, a túljátszott szerep néha annyira hatásos, hogy vannak gyerekek, akik csak külső szemlélőként akarják élvezni.

A boszorkány végigbeszéli a játékot: számlálgatja a begyűjtött „kincsecskéit", gyanakodva mustrálja a mind közelebb kerülő „szobrokat". Bemegy közéjük, megszólít, kérdezget; grimaszolással, viccekkel próbálja megnevettetni őket, megböködi a seprűnyéllel a lábukat, vagy a válluknál fogva hátra vagy oldalra billenti őket, és ők fadarabként dőlnek a karjába (mindennapos bizalomjátékunk a „Felborogatós").

Ha valamelyik szobor megmozdul, nevet vagy válaszol, azt a boszorkány felkapja és elviszi a házába (egy tornapadra ülteti).

Ezután háttal a „szobroknak" takarítgat, sepreget, játszik a kincsekkel, időnként lefekszik aludni, hogy legyen idejük a gyerekeknek a haladásra, de azért éberen fülel. Közben jó pár gyerek visszaszerzi a kincsét, és visszaóvakodik vele a kiindulópontba, a „foglyul ejtettek" pedig drukkolnak, hogy minél többen járjanak túl a boszorkány eszén.

A boszorkány nagyon félelmetes, de közben vicces is. Mindenki türelmetlenül várja, hogy őt is személyesen megvizsgálja, hogy elég jó szobor-e, de hevesen ver a szívük, ha közeledem – van, aki a szemét is szorosan becsukja ilyenkor.

A játék akkor sem veszített a népszerűségéből, amikor elkívánták tőlem a boszorkány szerepét. A gyerekboszorkány is megteremti ugyanazt a feszültséget, mint én, hiszen a történettől és a képzeletükben nagyon is valóságos boszorkánytól lesz izgalmas a játék.

A **rossz félelmeket**" legtöbbször magukba fojtják a gyerekek, nehéz a nyomára bukkanni. A „Zsuzsi kalandjai"-val (lásd a „*Gondolkodás*"-nál) viszont felszínre hozhatom ezeket, ha a témák között szerepelnek az általános gyermeki szorongások. Pl. Zsuzsi fél a sötétben, válnak a szülei, féltékeny a kistestvérre.

Sokszor egy-egy véletlenül elkapott megjegyzésből következtetek arra, hogy mivel küszködik egy gyerek, és ehhez komponálom meg a következő Zsuzsi-kalandot.

Ha nem a saját testvéréről van szó, hanem Zsuzsiéról, távolítunk a problémától, leválnak a gyermekről a kistestvérrel kapcsolatos személyes érzések, és tisztábban látja a helyzetet.

A téma: A gyűlölt kistestvért Zsuzsi direkt magára hagyja a játszótéren, és később nem találja sehol. Mit tegyen?

A mi gyerekünk látja Zsuzsi gonoszságát, és aggódik a történetbeli kistestvérért. A keresés eredménytelen, és Zsuzsi kénytelen hazamenni – a testvér pedig ott van Anyával, aki az ablakból szemmel tartotta őket. Anya ötleteket kér arra, hogy mit tegyenek annak érdekében, hogy Zsuzsinak és a testvérnek is jó legyen.

A játék során nem csak a szorongását beszéli ki az érintett gyerek, hanem segíti abban, hogy belegondoljon a kistestvér helyzetébe is, és toleráns legyen. Én pedig egy fogadóórán a szülő elé tárhatom a problémát, és segíthetek a megoldáskeresésében – ehhez jó támpontot adnak a gyerekek gondolatai.

Gondosan megtervezett érzelmi ráhangolással az **ünnepeket** is egészen újszerűvé tehetjük. Vegyük az anyák napját, aminek a hagyományos óvodai forgatókönyve, hogy a gyerekek műsort adnak betanult versekkel, dalokkal, körjátékokkal, majd átadják az általuk készített kézműves ajándékot és egy virágot.

A gyerekek egy része nem szeret szerepelni nyilvánosság előtt. Izgulnak, görcsösen koncentrálnak a felmondandó versre – számukra az ilyen anyák napja nem ünnep, hanem stressz.

Nálunk az anyák napján nincs műsor. Van ugyan egy köszöntő ének és egyetlen vers, amit az anyukájuk ölében mondanak el, ha akarják. De van más a műsor helyett. Az ajándék pár lejegyzett gondolat, amit a gyerekek az anyukájukról mondanak egy interjú során, és amit legépelve a gyerekek által kézműveskedett üdvözlőlapba ragasztunk. Már az interjú is egy ráhangolás, mert tudják, mi célból készül. Az ünnepre süteményt sütünk, a nagy napon pedig együtt elmegyünk vásárolni a délutáni uzsonnához. Délután szendvicseket készítenek a gyerekek, amivel megvendégelhetik az anyukájukat: kenyeret kennek, uborkát szeletelnek, felhelyezik a szalámikat, díszítik a szendvicset többféle zöldséggel.

A várakozás izgalma egész nap jelen van, de ilyenkor éri el a csúcspontját – óriási öröm, hogy most ők vendégelhetik meg az anyukájukat. Ezeket a szendvicseket igazán szívből, nagy szeretettel adják, sokkal inkább, mint egy idegen költő bemagolt verssorait, aminek a legtöbbször nem is értik a tartalmát.

Előkészíthetjük az ünnepet egy mesejátékkal is – nem dramatizálással, hanem egy interaktív mesével, amibe belehelyezzük a gyerekeket, hogy belülről éljék át az ünnep lényegét. Ez nem csak ráhangolódást jelent, mert emellett feleleveníti, rendszerezi a gyerekek ismereteit az ünnepről, és kiderül számukra pl., hogy ajándékozni legalább olyan jó, mint ajándékot kapni. (Lásd a „Kázmér király karácsonya" c. interaktív mesét.)

A korábbi karácsonyi interjúkban – amit rendszeresen elkészítek a gyerekekkel „Mi mondtuk a karácsonyról" címmel – két dolgot tartottak fontosnak az ünnepből: elsőként a várt ajándékot, aztán a karácsonyfát. Minden más csak körítés. A játék során viszont az ajándék fogalma is kibővült számukra, mert itt kiderült, hogy nem csak a dobozba csomagolt, megfogható tárgyakkal lehet örömet szerezni.

ANYANYELVI NEVELÉS

A beszédkedv felkeltése

Beszédre késztető praktikák

Mindenki találkozott már „szótlan, csendes" gyermekekkel, akik a kérdésekre legszívesebben csak bólintással, fejrázással reagálnak, de ha a válaszadás elkerülhetetlen, akkor egy-két szavas mondatokkal kommunikálnak. Ezekről a gyerekekről könnyen elkönyveljük, hogy visszahúzódóak, félénkek. Természetesen ez is állhat a háttérben, és az itt tárgyalt „praktikák" hozzájuk is megnyitják az utat.

A szűkszavú vagy szótlan gyermek azonban sokszor csak nem motivált a beszédre. Ennek

oka lehet, hogy legtöbbször a passzív kommunikációval találkozik, főként csak befogadói oldalon. Elsősorban a tévénézésre gondolok, amikor nincs módja kapcsolatba lépni a szereplőkkel. Egy élő előadáson bekiabálnak a báboknak, szereplőknek, mert azok reagálnak erre, sokszor kérdeznek is a nézőtéren ülő gyerekektől. A tévé előtt azonban – visszacsatolás hiányában – elmúlik ez a késztetés.

Sokszor ugyanez a helyzet a gyermek közvetlen környezetében a családi körben, ha ő megszólít és nem kap választ, vagy nem veszik komolyan az ő kis gondolatait. Az elfoglalt, fáradt, gondokkal terhelt, vagy egyszerűen kikapcsolódásra vágyó szülő nem is gondolja, hogy a meg nem hallgatással visszavonulásra készteti a gyermeket, ami állandósulhat is nála.

(Ez különösen az egyedüli gyerekeket érinti, mert a testvérek folyamatosan kommunikálnak egymással.)

Mire közösségbe kerül a gyermek, sokszor már nehéz kimozdítani a passzív kommunikációból. Közlési vágya alacsony, nem is nagyon tanulta meg, hogy hogyan fejezze ki a gondolatait, ha főként a gyakorlatias témákra szűkült a kommunikációja. („Éhes vagy?" „Igen." „Mit ennél?")

Ok lehet még a súlyos beszédhiba is, amikor a direkt javítások miatt alakul ki beszédgátlás, vagy mert látja, hogy nem értik, amit mond.

Mivel szerencsére a gyerekek nyitottak, könnyű kimozdítani őket a kommunikációs passzivitásból, gátlásból – sőt, ahogy jeleztem, a személyiségükből fakadóan visszahúzódó gyermekek estében is jó eredményeket érhetünk el.

Mielőtt továbblépnénk, tisztázzuk, hogy itt nem lesz szó beszédjavításról (az egy másik terület), itt csak arra törekszünk, hogy merjen és akarjon megszólalni a gyermek.

Beszédmankók

Valahonnan mindig el kell indulni... A beszédkedv felkeltéséhez legegyszerűbb a **konzervszövegekből, beszédmankókból** indulni.

A nehezen megszólaló gyermek a kötött (tanult) szövegben magabiztosabb, és ha ezt csoportosan, társaival egyszerre teheti, könnyebben feloldódik. Fontos, hogy ne akarjuk erővel feltörni a burkot.

Nézzük, melyek ezek a mankók:

– <u>Mondókák</u>
Akár félénk, akár passzív a gyermek, szívesen kapcsolódik be a közös mondókázásba. Itt a beszéd öröme hat, élvezi, hogy hallja és hallatja a hangját.

– <u>Párbeszédes népi játék, körjáték</u>
Ezekben a játékokban rövid, kötött szöveggel ugyan, de már bekapcsolódik a kétoldalú kommunikációba: kérdeznek, és ő válaszol. Lehet, hogy kezdetben itt is elutasítja a szóbeliséget, de azzal, hogy elfogadja a szerepet és középre áll, már jelzi, hogy nincs ellenére az ilyen szereplés. Kis idő kérdése, és meg fog szólalni.

– _Megszólalás bábokon keresztül_
Bábos improvizáció
Először is tisztázzuk azt, hogy „báb" minden lehet; a kezünk, használati tárgyak, egy kendő stb. –, de kezdésnek legalkalmasabb a gyermek saját plüssjátéka. Elkérem tőle, megnézegetem, és hirtelen megszólal a plüsskutya az én tolmácsolásomban. Kérdez tőlem, én válaszolok neki, aztán kérdez a gazdijától is. Minden gyereknek nagyon tetszik, amikor ilyen módon életre kel a kedvence, és előbb-utóbb válaszolni fog a plüssjátéknak.

Ha már így párbeszédre csábítottam a gyermeket, a következő lépésnél nála marad a kutya, akit én egy másik plüssjátékkal szólítok meg. Itt a gyermek már szerepbe lép, mert a kutya nevében fog válaszolni. És mert a báb „hangján" bátrabban szólalnak meg a félénkebbek, mint a sajátjukon, könnyebb egy rövid párbeszédbe vinni őket.

Ne gondoljunk ilyenkor komoly improvizációra – két-három kérdés-felelet már siker, hiszen a lényeg a gyermek megszólaltatása (és nem elhanyagolandóan a szerepbe léptetése). Mert itt is fontos, hogy kis lépésekkel haladjunk.

Talán furcsán fog hangzani, de sosem értékelem ilyenkor a gyermeket, mert ez egyet jelentene a leleplezéssel. Hiszen ő ott sem volt, nem hogy szóba állt volna velem! De a kiskutyának megköszönhetem a beszélgetést.

– _Mese félig kötött szöveggel_
A meséket minden gyerek szereti – és nem csak hallgatni, hanem szívesen részt vesznek a mesemondásban is. Erre kiválóan alkalmasak kisebb gyermekeknél a láncmesék.

A meséket kezdettől (asztali) bábokkal játszom el a kiscsoportosoknak, így az érdeklődésük sosem múlik el a mese iránt, és minél előbb szeretnék ők is kézbe venni ezeket a bábokat. Narráció nincs az előadásomban, azonnal a párbeszédes formával találkoznak, ami mintául szolgál nekik. Az ismétlődő szövegrészek biztonságérzetet adnak, nem kell gondolkodni, hogy mit mondjon a bábjuk. (Az asztali bábok jelentőségére a „Bábozás, dramatizálás c. fejezetben még kitérek.)

Konkrét mesén keresztül így zajlik a folyamat:

A mese a „Nyulacska harangocskája". (A nyuszi felakaszt-ja a harangot a fára és elalszik. A fa megnő, a nyuszi nem éri el a játékát, a fa pedig nem hajlandó visszaadni. Segítséget kér a fejszétől, tűztől, víztől, tehéntől, mészárostól, de senki nem segít. Végül a bolha megnoszogatja a mészárost, ő a tehenet, a tehén a vizet, míg a végén a fa visszaadja a harangot, hogy elkerülje a kivágást.)

A bábokkal a szőnyegre ülök, és ez elég a közönségtoborzáshoz. Az első bemutatást néhány ismétlés követi, mert mindig újra kérik. Két nap alatt hallhatják annyiszor az előadást, hogy már átadhatom a gyerekeknek mellékszerepeket, ahol *csak válaszolniuk* kell a nyúlnak, hogy miért nem segítenek visszaszerezni a harangot a fától.

A bábozást mindennap az én önálló játékommal indítom, még gyerekek részvétele nélkül, és improvizációkkal bővítem a többi szereplő szövegét („Meg ne igyál, tehén, inkább eloltom a tüzet!"), a nyúl szerepét pedig mindig más szöveggel mondom, hogy szokjanak hozzá, hogy a *saját szavaikkal kell kifejezniük* magukat.

Amikor jól megy a közös játék, a nyúl szerepét is átadom a gyerekeknek. A kötött szövegrész mankóul szolgál, de kis mértékben már jelen vannak a saját kifejezéseik is.

Nagyon igénylik a kiscsoportosok is az ilyen bábozást, nem tudnak ráunni. Napközben sokszor veszik elő önállóan is a bábos dobozt, és akár egyedül is végigjátsszák a mesét.

A kérdezés

Most tehát már van egy praktikánk, amivel szóra bírhatjuk a gyermeket. Már nem zárkózik el, ha őt szólítom meg, és a nem a kiskutyát; már hajlandó beszélgetni velem az otthoni életéről, az élményeiről. De a kérdésekkel el is ronthatjuk a kezdeti sikert.

Képzeljük el a következő jelenetet:

Óvodából hazafelé a valóban érdeklődő anya faggatja a kislányát a napjáról:

– *Mi volt ma az óvodában?*

– Semmi...

– *Nem csináltatok semmit?*

– Nem.

– *Nem is játszottatok?*

– De.

Anya leleményes, ezért más irányból közelít:

– Zsófi volt óvodában?

– Nem.

– Miért?

– Nem tudom.

– Beteg?

– Biztos.

A kislány nem azért válaszol így, mert tényleg semmi nem történt, hanem mert a hosszú és mozgalmas napból nehéz kiemelnie egy mozzanatot.

A helyes kérdezés

Ha súghatnánk a mostanra tanácstalanná vált anyának, elmondanánk, hogy a jó kérdést a következők jellemzik:

Konkrét

– *Mit játszottatok délelőtt az udvaron?*

– Bújócskát.

Eldöntendő kérdést módjával tartalmaz.

– *Ez jó játék?*

– Igen.

Kérdezhetné anya azt is, hogy „Zsófival játszottál?", de akkor megint zsákutcába fut a beszélgetés. Viszont itt akár igent, akár nemet válaszol, folytatni tudjuk – és már ott is vagyunk a következő jellemzőnél.

– *Miért jó ez a játék?*

Kérdőszavakat tartalmaz
– Hogyan kell játszani a bújócskát?
– Milyen búvóhelyek vannak az udvaron?
– Miért éppen oda bújtál?

Véleményt, gondolatot firtat
– Mitől jó egy búvóhely?
– Mit kellett volna csinálnod, hogy ne vegyenek észre?

Az ilyen kérdésekre nem lehetséges egyszavas választ adni, és mert inspirálják a gyereket, egészen biztosan sikerül hazáig végigbeszélgetni az utat! És még valami: kérdezzünk akkor is, ha látszólag nem reagál a gyermek! A fontos, hogy vegye észre, hogy **kíváncsiak vagyunk rá**. Ne erőltessük, ha nincs mindig válasz; mutassunk megértést! (*„Látom, most nincs kedved beszélgetni, de egyszer majd elmondod, ugye?"*)

A gyermek kérdései
Ha azt akarjuk, hogy a gyermek mindig kinyilvánítsa az érdeklődését, vegyük komolyan a kérdéseit. Ha nem felelünk, mert épp mással foglalkozunk; ha kinevetjük, mert „butaságot" kérdezett; ha nem adunk érdemi választ – és ha ezek gyakran előfordulnak –, a gyerek leszokik a kérdezésről. Inkább hárítsuk el a kérdést azzal, hogy majd később megbeszéljük, mert épp egy másik gyerekkel merültünk bele egy tevékenységbe, vagy mondjuk meg, hogy nem tudjuk a választ, de majd utánanézünk. Ezt megérti, elfogadja a gyermek; de ehhez természetesen be is kell tartanunk az ígéretet.

Nem árt szót ejteni arról, hogy a gyermek kérdései mögött sokszor más van, mint amiket a szavakkal kifejez. Fontos, hogy belássunk a szavak mögé is, mert ha nem a gondolatra válaszolunk, csalódni fog, és talán be is zárkózik. Ehhez persze nagymértékben ismernünk kell a gyermeket, a metakommunikációs kifejezésmódját, és nem hanyagolhatjuk el azt sem, hogy milyen gondolatok előzték meg a kérdését.

Vegyünk egy hétköznapi esetet. A gyermek sírósan megkérdezi: *„Mikor alszunk?"* Erre válaszolhatjuk, hogy *„Megebédelünk, fogat mosol, és utána".*

Pedig a kérdés talán azt jelenti, hogy szorong a délutáni lefekvés miatt, de lehet, hogy arra vár választ, hogy mennyit kell várni az anyukájára, aki mindig pont alvás után érkezik.

Kifejezőkészség

Ismert probléma, hogy az iskolában még a felsősök között is vannak olyan gyerekek, akiknek gondot okoz a szóbeli felelés. Tudják az anyagot, de nem tudják megfogalmazni, ami a fejükben világosan ott van. Ez azért elkeserítő, mert ahhoz, hogy egy gyerek jó kifejezőkészséggel rendelkezzen, csupán két dolog szükséges:

1. Szókincs
Az ingerszegény környezetből érkező gyerekek általában csak olyan szókészlettel rendelkeznek, ami a hétköznapi élethez szükséges, az óvodáskor idején azonban minimálisra csökkenthetjük a hátrányokat.

A mesék, a versek gazdag forrásai a szókincsfejlesztésnek – de gyakorlás hiányában még mindig csak a passzív szókincset gyarapítottuk.

2. Beszédlehetőség
– Párbeszéd
Legegyszerűbb a kérdés-felelet panelekből álló párbeszéd. Itt is fontos, hogy a választ figyelmesen hallgassuk meg, a kérdésekre érdemben feleljünk.

Tartalmasabb párbeszéd alakul ki, ha nem kérdésre, hanem a partner mondandójára reagál a gyermek.

– Szólhat a párbeszéd egy *aktuális témáról* – a korláton hálót szövő pókról, az utcáról behallatszó szirénáról stb.

– *Épülhet a fantáziára* (Mi lenne, ha nem lenne áram? Minek örül ilyen nagyon ez a kislány a rajzodon?)

– *Véleményt, tanácsot kérünk, megmagyaráztatunk valamit* – a lényeg, hogy olyan kérdéseket tegyünk fel, amelyek kifejtős választ igényelnek, olyan témákat találjunk, amiről van kedve beszélni a gyermeknek!

– *Folyamatos beszéd*
A kifejezőkészség a folyamatos beszédben csiszolódik leginkább, amikor már nem kérdésekre, gondolatokra válaszolgat a gyermek, hanem önállóan fejti ki a mondanivalóját. Ehhez legkézenfekvőbb segítség ismét a mese. Meséljen egy mozgalmas képről – nem azt, hogy mi *látható*, hanem hogy mi *történik* rajta! Mondja el pár rajz alapján a legutóbbi mesénk tartalmát!

Ezután jöhetnek az *meseimprovizációs* játékok (folytatásos-öszszetört-beleszólásos mese), az *interjúk* (Forró szék, Csodabéka), *tanácskozások* („Zsuzsi-kalandok" – de bármiről tanácskozhatunk a napi életből merítve!)

A *választékos kifejezés* sok esetben önmagától kialakul a folyamatos beszédben – kezdve azzal, hogy kénytelenek bővített majd összetett mondatokat használni, felbukkannak a szinonimák, eltűnnek a hétköznapokban megszokott pongyolaságok. Megpróbálnak „mesenyelven" beszélni!

Mindehhez nem árt, ha ott van a háttérben egy igényes beszédkultúrával rendelkező óvónéni, aki – ha akarjuk, ha nem – mintául szolgál a gyerekeknek.

Szövegértés

A szövegértést rendszerint csak az írott szöveggel kapcsolatban szokás emlegetni, holott legalább ilyen fontos a hallott szöveg értelmezése is. A kisgyermek ugyanis a közvetlen megtapasztalás mellett a hallott szöveg révén jut információkhoz. A felnőtt utánaolvas annak, amit nem ért – ha kell, háromszor is visszatér egy mondatra, hogy értelmezni tudja. A gyerek viszont többnyire akkor kérdez vissza, ha *nem hallotta*, amit mondtunk, az értelmezési gondjait ritkán jelzi. Pedig a szövegértési problémák okai sokszor a felnőttek beszédminőségében keresendők – ezért sokat tehetünk a probléma kiküszöbölése érdekében pusztán azzal, hogy ügyelünk a gátló tényezők elkerülésére, ha a gyerekekhez beszélünk.

A szövegértést gátló tényezők

– *Gyors beszéd* – A gyermek egy perc alatt sokkal kevesebb szót tud értelmezni, mint egy felnőtt, ezért az átlag tempónál kicsit lassabban beszéljünk, ha egy gyerekhez szólunk. Ez különösen fontos, amikor mesét mondunk, tehát amikor egy nagyobb terjedelmű szöveget kell értelmeznie a gyermeknek.

– *Tagolatlan beszéd* – A szövegértést megkönnyítjük, ha a különböző gondolatokat érezhető szünetekkel választjuk el egymástól. A gyermeknek így van ideje, hogy feldolgozza az elhangzottakat, és érzékeli, hogy az új mondat már nem az előző gondolathoz tartozik.

– *Gyengén artikulált beszéd* – Még felnőttként sem könnyű megérteni a motyogó, zárt ajakkal képzett szavakat, a gyermeknek pedig különösen fontos, hogy tisztán, érthetően hallja azokat. Elég, ha csak egyszer veszíti el a fonalat, hogy a következő mondatokat már ne tudja illeszteni a korábbiakhoz.

– *Monoton beszéd* – A beszéd vokális kísérő elemeinek (a szupraszegmentumok – hangerő, hangsúly, hangmagasság, hangszín) változatos alkalmazása nem csak azért fontos, hogy színessé tegyék a mondandónkat, hanem mert megkönnyítik a szöveg értelmezését. Más, ha monoton beszédhangon felolvassuk, hogy „Mi történt?! – *kérdezte anya felháborodva.*", vagy ha eljátsszuk a kérdésben a felháborodást, és még a szemünk is villog hozzá. Ez érvényes a mindennapi beszédre is. A monoton beszéd maximum 1–2 percig tartja fenn a gyerekek figyelmét – figyelem nélkül pedig nincs megértés.

– *Homályos beszéd* – A gyerek csak a pontos szóhasználatot érti, az utalások, körülírások homályossá vagy érthetetlenné teszik a gondolatmenetet.

– *Többszörösen összetett mondatok* – Ha egy mondat olyan hosszú, hogy a végén már nehéz felidézni az elejét, önmagában is elég gátló tényező. De az ilyen mondatokban rejlő másik buktató, ha az alany is változik egy mondaton belül. Ha egy körmondat tartalmáról kérdezzük a gyerekeket, kiderül, hogy csak szavakat ragadtak meg, az értelme nem jutott el hozzájuk.

– *Követhetetlen asszociációs láncok* – Egy felnőtt számára nem szükséges minden gondolatot egyenként felsorakoztatni egymás után, ki is hagyhatjuk némelyiket, mert nyilvánvalóan ki lehet következtetni az előzőből. Hogy mást ne mondjak, pont ez a viccek lényege – a poént nem szájbarágósan magyarázza, hanem a hallgató kikövetkezteti magának.

Vegyünk példának egy közismert viccet: *A beteg elmegy az orvoshoz. „Doktor úr, fáj a fejem!" „Akkor miért van a kötés a bal lábán?!" „Mert lecsúszott."*
A gyermek számára minden szó érthető, de mégsem érti a poént. Egy felnőttnek egy pillanat törtrésze sem kell, hogy végigmenjen ezen az egyszerű asszociációs láncon: 1. A fejen lévő kötés megakad a jóval szélesebb vállnál. 2. Ha mégis ennyire

laza volt, akkor mindkét lábra csúszik. 3. A szituáció tehát abszurd – és ez benne a poén.

– _Félrehallások_
A gyerekek a verseket, dalokat sokszor csak a ritmusuk dallamuk alapján, értelmezés nélkül szívják magukba, és elég nehéz kiszűrni az elhallásokat, meg nem értést, ha nem szoktatjuk rá őket, hogy mindig kérdezzenek rá a meg nem értett szavakra.

Példának ismét egy gyerekszáj:

Gréti a Cinege cipőjéből _adott új jelentést egy sornak, és ezt következetesen így is mondta minden alkalommal:_

– …De cipőt a zárba _sehol se tud venni._

Szerintem mindannyiunknak vannak ilyen gyerekkori élményei. A fenti történet kislánya nem kérdezett, és valószínűleg mindig azon töprengett, hogy hogyan fér be egy cipő a zárba, és hogy miért kell azt oda tenni.

– _Ismeretlen szavak_ – Egyetlen ismeretlen szó sokszor eltérítheti vagy érthetetlenné teheti az egész szöveget. Mi, felnőttek pedig nem is hisszük, milyen sok, teljesen hétköznapi szó jelentésével nincsenek tisztában a gyerekek.

Ehhez vegyünk egy példát ismét a gyerekszájgyűjteményemből:

– A mese címe: „A tavalyi bogáncs" – kezdtem bele alvás előtt a Rémusz bácsi meséi következő részébe. Ahogy kimondtam a címet, eszembe jutott, hogy talán nem ismeri mindenki a bogáncsot, ezért rákérdeztem a szóra. A legtöbben nem tudták, mi az, de gyorsan tisztáztuk. Ezután még megkérdeztem:

– És mit jelent az, hogy „tavalyi"?

Csend – senki nem válaszolt. Végül egy bizonytalan kérdés:

– Hogy valaki Tavalyon lakik…?

A meséhez ugye fontos tudni, hogy a száraz bogáncs belekapaszkodik mindenbe – e nélkül az ismeret nélkül az egész történet talajtalan lett volna. A „tavalyi" szóról viszont meg sem fordult a fejemben, hogy valaki nem ismerheti, hirtelen ötletből kérdeztem csak rá. Viszont ha nem tisztázzuk a jelentését, talán végig azt várja az említett gyerek, hogy megjelenjen a mesében a *tajvani* vonatkozás.

Másik példa, hogy a partvisért kiküldött gyerek addig téblábolt tanácstalanul a mosdóban, míg utána nem néztem, hol marad. Akkor derült ki, hogy fogalma sem volt arról, mi az a partvis – ha seprűt mondok, kikövetkezteti a funkcióból, hogy mit kértem.

Az ilyen esetek intő példák lettek a munkám során, és azóta igyekszem tisztázni a gyerekekkel a számunkra egyszerű szavak jelentését is.

Az ismeretlen szavakat viszont az ő sajátos módjukon megpróbálják értelmezni a gyerekek. Leggyakoribb, hogy behelyettesítik egy ismerttel – ez főként **hasonló hangzás alapján**, vagy **többjelentésű szavaknál** történik, máskor a **szituációból következtetnek**, ritkán olyan szóhoz kapcsolják, amellyel **összefüggésben** már hallották.

Hogy megelőzzem az ilyen problémákat, minden új mesénél, versnél, dalnál megbeszéljük az ismeretlen szavakat. Korábban mindig én szemezgettem ki ezeket, de egy ideje már ők kérdeznek. Nem csak versekben, mesékben, hanem egy sima beszélgetésben is megállítanak, ha nem értenek egy szót.

Az értelmezést azzal is segíthetjük ilyenkor, ha nem csak szinonimákkal, hanem példamondatokkal vagy egy rögtönzött színjátékkal tisztázzuk a jelentést (a „nyűgös"-t könnyebb eljátszani, mint megmagyarázni).

Pihentetőnek – és okulásnak – még néhány ismeretlen szavas példa a gyerekszáj-gyűjteményemből:
– *Mi az, hogy „szomszéd"? – kérdeztem, szintén egy mese kapcsán.*
– *A Bandi bácsi! – vágta rá Kinga.*
– *Háááát, az én szomszédomat Irma néninek hívják... – vitatkoztam, de Kinga elképedve nézett rám:*
– *De te nem is ott laksz nálunk!*
(Nem kell magyarázni, hogy a *szomszéd* szót ő csak Bandi bácsival *összefüggésben* ismerte, így a fogalom azonosult a bácsival. És – mert én nem náluk lakom – nem is lehet szomszédom.)

Berci pattogó hangon utasítgatta a társait.
– Hát te ki vagy, hogy így parancsolgatsz? – füleltem oda.
– Én vagyok a király, ők meg a szolgák.
– És mit csinálsz, te Király, ha egyszer fellázadnak a szolgáid?
– Hááát… – bizonytalanodott el őfelsége egy pillanatra –, akkor azért meggyógyítom őket…
(hasonló hangzás)

– Otthon megszúrta egy tüske az ujjamat.
– Minek volt ilyen szúrós tüskéje?
– Háát… mert…!
(másik jelentés)

– Én októberben születtem.
– Én meg a kórházban!
(szituációból következtet)

– A huszár szerintem nem ember, hanem egy állat, vagy valami ló.
(valamivel összefüggésben értelmez)

– Mi az a remete?
– …Egy rákféle…
(összefüggés)

– Mit jelent az, hogy „bak"?
– Azt, hogy valaki nem lát…?
(hasonló hangzás)

Márc. 15-én:
– Anya tett a kabátomra petárdát.
(hasonló hangzás)

Játékok szövegértéshez

Feledékeny óvónéni *(Farkas Annamária)*
Ez egy vicces játék az elhallásokhoz – ez esetben az óvónéninek lesznek elhallásai. Fejlesztő értéke abban rejlik, hogy a hasonló hangzás ellenére felismerjék az oda nem illő szavakat, valamint hogy megtapasztalják, hogy egy szó mennyire megváltoztatja vagy összezavarja a szöveg értelmét. Vers- és daltanulásnál az ismétlés, gyakorlás színesítésére is használom a játékot, és fergeteges hangulatot teremt.

A játékban, miközben önfeledten együtt éneklek/verselek a gyerekekkel, a dal vagy vers szövegében hasonló hangzású szavakra cserélek egyes szavakat, amit ők azonnal jeleznek, javítanak, és jót derülnek rajta. A lenti példa alapja egy dalszöveg (Gryllus Vilmos vonatos dalának egy versszaka), dőlt betűkkel a behelyettesített szavak, zárójelben az eredetiek.

Sorompónál pirosak a *lámák* (lámpák),
Állnak a kocsik és a *vonalat* (vonatot) várják.
Hát én itt most nem *ehetek* (mehetek),
Állok a *párnán* (járdán), és megpihenek.

Nagycsoportban ismeretlen verset is használok, ilyenkor kizárólag a szövegkörnyezet alapján kell megtalálniuk a helyes (rímelő) szót.

A következő játékok legalább olyan intenzíven fejlesztik a gondolkodást, mint a szövegértést.
Ahhoz, hogy a feladványokat megfejtsék, minden elhangzott szónak nagy jelentősége van.

Nyomozás *(Farkas Annamária)*
Az alábbi játékból kiderül, hogy milyen sok információ lehet egy szövegben. Nagyon komoly gondolkodást és pontos szövegértelmezést igénylő játék. Feladat, hogy a szövegkörnyezetből nyomozzák ki egy ismeretlen szó jelentését úgy, hogy kizárják a nem jó megoldásokat.

„Csobolyó"

Kiterítem a képes kártyákat, elmondom az első mondatot, s megkérdezem, mi NEM lehet a csobolyó. Az első mondat: „A túrázáshoz mindig viszek magammal csobolyót." A gyerekek megnézik a képeket, és máris félreteszik, amit nem szokás egy túrára vinni – a talpas poharat, az éttermet, a vízesést, ágyat. A második mondattal kizárják, ami nem ételhez-italhoz kapcsolódik. Amikor kiderül, hogy bükkfából készült, már csak két kép marad játékban: a nyárs és a hordócska, a négy állítás végén pedig már csak a megfejtést jelentő kártya marad.

Kártyák

1. sült csirke
2. ital talpas üvegpohárban
3. étterem
4. lapos fahordócska
5. vízesés
6. fából faragott nyárs a tábortűznél
7. ágy
8. fotel
9. függőágy

Mondatok

1. *A túrázáshoz mindig viszek magammal csobolyót...*
2. A túrázáshoz mindig viszek magammal csobolyót, *mert ételre, italra szükségem lesz.*
3. A túrázáshoz mindig viszek magammal csobolyót, mert ételre, italra szükségem lesz. *Ezt a csobolyót bükkfából készítették.*
4. A túrázáshoz mindig viszek magammal csobolyót, mert ételre, italra szükségem lesz. Ezt a csobolyót bükkfából készítették. *Minden pataknál újra feltöltöm, hogy mindig friss víz legyen benne.*

Az instrukciókat csak akkor tudják követni a gyerekek, ha pontosan értelmezték őket. Pl. ha elsiklanak a „túrázás" szó felett vagy nem értik a jelentését, a többi instrukció is értelmetlenné válik.

Hogy jobban megértsük a játék nehézségét, nem árt, ha magunk is kipróbáljuk. Íme két változat a felnőtteknek! (Iskolás gyerekeknek is ajánlom.)

„Feszerli"
A kártyák (a leírt szavakkal)

fűrész
séta
prézli
virág
szalámi
vidám film
lekvár
kaviár
tánc
parfüm
lakat
gyümölcslé
facsavar
száraz
javasasszony
csokikrém
leves
konyhaszekrény
olívakrém

A mondatok:
1. *Ez feszerli!* 2. *Megismertem az illatáról.* 3. *Ezer éve nem kóstoltam feszerlit.* 4. *Két kosár bogyóból készítette az anyukám.* 5. *Milyen édes!* 6. *Jó vastagon megkenem a kenyeremet vele.*

Egy másik változat, amikor a hívómondatra a megfelelő állításokat kell kiválasztani

„Herpetológus"

1. Tegnap találkoztam egy herpetológussal.
A herpetológus egy dízelmozdony-alkatrész.
A herpetológus ember.
A herpetológus kúszónövény.

2. Tegnap találkoztam egy herpetológussal. Nagyon csodálkoztam, hogy nő létére ilyen az érdeklődése.
A herpetológus egy foglakozás.
Herpetológus csak férfi lehet.
A herpetológia betegség.

3. Tegnap találkoztam egy herpetológussal. Nagyon csodálkoztam, hogy nő létére ilyen az érdeklődése. Elmondta, hogy ő nem gyógyítja az állatokat, hanem tanulmányozza őket.
A herpetológus olyan állatorvos, aki nem gyógyítással foglalkozik.
A herpetológus állatokkal foglakozik.
A herpetológus tanulmányokat ír az állatok táplálkozásáról.

4. Tegnap találkoztam egy herpetológussal. Nagyon csodálkoztam, hogy nő létére ilyen az érdeklődése. Elmondta, hogy ő nem gyógyítja az állatokat, hanem tanulmányozza őket. Bár az igazi szakterülete a kígyók világa, a többi hüllőről is sok érdekességet mondott.
A herpetológus hüllők tenyésztésével foglalkozik.
A herpetológus kígyókkal kereskedik.
A herpetológus a kígyók életét, viselkedését tanulmányozó szakember.

Keresd meg a képet! *(Farkas Annamária)*
Nem könnyű játék, ezért egyénileg, nyugodt környezetben (gyülekezési időben) szoktam elővenni, amikor kevesebb zavaró inger éri a gyermeket.

Az összetett szöveg megértéséhez nyújt segítséget, amikor egy mondaton belül több információt is értelmezni kell. (A rajzokat próbaképp érdemes elkészíteni akkor is, ha valaki nem akarja alkalmazni – jó játék nekünk, magunknak is a szövegértéshez!)

Házak

A képeken különböző magasságú, színű házak vannak, kicsi és nagy ablakokkal, eltérő számú kéménnyel vagy ablakkal. Van kép egy házzal és van két házzal. Minden mondat egy-egy képet ír le. A szöveg alapján rá kell mutatni a helyes ábrára. Javaslom, hogy ne vegyük ki a megtalált képeket, mert jobban megdolgoztatjuk a figyelmet, ha több kép közül kell kiválasztani azt, ami megfelel a leírásnak.

A szöveget nagyon lassan, tagoltan mondom, ha kell, többször megismétlem.

(Aki maga is szeretne ilyen típusú feladatot gyártani, javaslom, hogy először a rajzokat készítse el, és írja meg hozzájuk a szöveget!)

1. Magas kéményű, zöld ház, két kicsi ablakkal.
2. Magas kéményű, kicsi ház, két zöld ablakkal.
3. Két, magas kéményű ház kicsi, zöld ablakkal.
4. Kétkéményű, magas ház kicsi, zöld ablakkal.
5. Kicsi ablakú, zöld ház két magas kéménnyel.
6. Zöldkéményű, kicsi ház két magas ablakkal.
7. Két zöld ház kicsi ablakkal, magas kéménnyel.
8. Magas, zöld ház kicsi kéménnyel, két ablakkal.
9. Két, zöldkéményű kicsi ház magas ablakkal.

Halak

1. Vékony, pöttyös hal piros farokkal, sárga uszonnyal.
2. Két sárga hal vékony uszonnyal, piros farokkal.
3. Sárgapöttyös hal vékony farokkal, piros uszonnyal.
4. Piros hal két sárga uszonnyal, vékony, piros farokkal.
5. Pöttyösfarkú piros hal nagy, sárga uszonnyal.
6. Két vékony hal piros farokkal, pöttyös uszonnyal.
7. Kétuszonyú hal piros pöttyökkel, sárga farokkal.
8. Vékonyfarkú sárga hal pöttyös uszonnyal.

9. Két sárgapöttyös hal vékony uszonnyal, piros farokkal.
10. Pirospöttyös hal sárga uszonyokkal, vékony farokkal.
11. Pöttyösfarkú hal vékony, sárga uszonnyal.

INTELLEKTUÁLIS KÉPESSÉGEK

Gondolkodás

A gondolkodás fejlesztésének mikéntjével nem nagyon találkozni az óvodai tervezésekben, megelégszünk azzal, hogy járulékos pluszként előbukkan a mindennapi életben, a matematikai vagy környezettel kapcsolatos feladatokban, a beszédfejlesztésben stb. Pedig számos izgalmas játék van, ami a gondolkodás olyan területeire irányul, amivel külön nem, vagy egyáltalán nem foglalkozunk.

A játékgyűjteményben a konkrét csoporton kívül szinte minden területen találhatók olyan játékok, amelyek a fejlesztik a gondolkodást – a beszédkészséget fejlesztő játékok közül sok, az improvizációs játékok szinte mindegyike, asszociációs játékok, a kakukktojás, a barkochba, és minden más, ahol összehasonlítunk, gyűjtőfogalom alá rendelünk, összefoglalunk stb.

A gyűjteményben ugyan jeleztem a fejlesztési területeket, de ha rászánunk egy kis időt és elemezzük a játékokat, láthatjuk, hogy számos más területen is felhasználhatók. Az elemzés azonban főként azért fontos, mert tudatosabban nyúlunk a játékokhoz, ha tudjuk, miben és hogyan fejtik ki a fejlesztő hatásukat.

Mindegyiket nem lehetséges itt boncolgatni, de nézzünk egyet közelebbről:

Barkochba

Már a **kérdésfeltevés** megdolgoztatja a gyerekeket – ha belegondolunk, nem is olyan egyszerű eldöntendő kérdéssé alakítani a kérdőszavas kérdéseket. A gyerekek az egyszerűbb megoldást választják, és megkérdezik, hogy a szóban forgó állat HOL él, HÁNY lába van, MIT eszik stb. Így elég gyorsan eljutnának a megoldáshoz, és a kérdést sem kéne átalakítani.

Az eldöntendő kérdésre kapott válaszokból viszont csak egyenként kapják az információkat – pl. sorra kell menni a lehetséges lábmennyiségen –, és ezeket kapcsolni kell a korábban megszerzett adatokhoz.

A játék egyszerre fejleszti az **asszociatív** (elemző) **és a divergens** (szerteágazó) **gondolkodást**. Pl. tudják, hogy kitalálandó élőlénynek nem két lába van, de tud repülni. A két információ alapján az agy átrostálja a rendszertani csoportokat, és fennmaradnak a szűrőn a rovarok, repülő emlősök, netán még a repülő halak is a repüléshez módosult úszóikkal. Ezután az agyunk gyorsan megnézi, hogy milyen információ visz el legyorsabban a megoldáshoz – pl. a lábak pontos száma. Ha kiderül, hogy négy lába van, kiesnek a rovarok (és a repülő halak) is.

Mindez az agyunkban a másodperc törtrésze alatt zajlik.

Máris eljutottunk a gondolkodás egyik fontos meghatározójához, a **reakcióidőhöz**.

Az információk villámgyors értékelése, szelektálása, a választék monitorozása, lépés-átugrások végrehajtása, lehetséges megoldások fókuszolása normál esetben szinte egyszerre zajlik az agyban a játék alatt. De ez nem mindenkinél van így – a „nehéz felfogás" talán éppen a lassú reakcióidő szinonimája.

Megint csak egy gyerekszájat hoznék fel példának – milyen, ha valaki képes villámgyorsan, lépés-átugrással, más irányban is gondolkodni, információkat összekapcsolni, és milyen, ha nem:

Az állatról már megtudtuk, hogy ragadozó, és két lába van.

– Oroszlán? – kérdezett rá Ádám.

– Az oroszlán neked madár?! KÉÉÉT lába van! – okította Dani.

– Akkor ember.

A madárra eddig nem kérdeztek rá, Daninak mégis elegendő volt két fontos információ ahhoz, hogy kizárás útján átugorjon egy lépést.

Ádám értelmi képességeivel sincs baj, mert ő is eljutna a két információból a madárhoz, ha lépésről-lépésre vezetnénk az eredményhez. A különbség a két gyerek között az agy reakcióideje.

A gondolkodás fejlesztésének alapvető feltétele a **tréningezés**. Első tennivaló, hogy hagyjuk **önállóan gondolkodni** a gyereket! Tipikus hiba, hogy a mindennapi életben a legtöbb esetben eldöntendő kérdéseket tesznek fel a felnőttek a (lásd az „Anyanyelvi nevelés – A kérdezés tudománya" c. részt), vagy ha kérdezek valamit a gyerektől, a szülő felel helyette (esetleg megmondja, mit feleljen „Mondd az óvónéninek, hogy kirándultunk!")

A **képkiválasztásos fejlesztő feladat** is egyfajta eldöntendő kérdés. Pl. „Melyik képen közlekedik szabályosan a kisfiú?", vagy „Válaszd ki azokat a képeket, amiken az egészségünkhöz szükséges dolgok vannak!" A feladat így önmagában nem biztos, hogy gondolkodtat is, mert lehet, hogy csak vaktában válogatnak a gyerekek. A válogatás attól válik esetünkben értékessé, ha indoklást is kérünk hozzá – és nem csak a helytelen megoldásoknál, hanem a jó döntésnél is. Előfordul ugyanis, hogy a választás jó, de a válaszhoz mégsem rendelkeznek a szükséges ismeretekkel. A közlekedési példánál maradva: A rajzon az egyik fiú áttolja a biciklit a zebrán, a másik átkerekezik. A gyerek gondolkodás nélkül rábök a helyesen közlekedő fiúra. Az indoklás azonban nagyon sajátos: azért azt a fiút választotta, mert a *zebrán kell átmenni*, a bicikliző gyerek kereke meg „lelóg a zebráról".

Tanácskozzunk!

Teremtsünk sok **problémahelyzetet**! Kérdezzük meg és nyissunk megbeszélést arról, hogy miért marad fenn a repülő a levegőben! Hogyan köszöntsük Tomit, aki két hónapos hiányzás után jön újra óvodába? Mit, hova és miért oda helyezünk a terepasztalon? Honnan és hogyan kerül az óvodába az ebéd?

Nem a válaszok helyessége a legfontosabb, hanem hogy töprengenek a megoldáson!

Problémamegoldó játék

A következőkben egy olyan játékot mutatok be, ami minden csoportban töretlen sikert aratott, és ami nagyon alkalmas a vitakultúra fejlesztésére.

Itt mindjárt meg is kell állnunk: **vitakultúra fejlesztése az óvodában**...?! Nem túlméretezett gondolat ez?

Korántsem az. A vita közös problémamegoldás – és még sokkal több! Aki néhány „zsuzsikalandot" végigjátszik a csoportjával, meglepő eredménnyel fog szembesülni. Ezek az eredmények nem hipotézisek, hanem tapasztalt tények, ugyanis minden csoportomban megfigyelhetők a következő jelenségek:

– *Beszédfegyelem*
A gyerekek türelemmel végighallgatják egymást, nincs közbeszólás, közbekiabálás (amit, valljuk be, egy felnőtt értekezleten sem könnyű megvalósítani).

– *Érvelés, indoklás*
Ha egy gyerek felvet egy megoldási lehetőséget, azt alaposan kitárgyalják. Érveket, ellenérveket hoznak fel arról, hogy a felvetés működhet-e, vagy ha nem, miért nem megvalósítható. Szabály, hogy ha el akarnak vetni egy ötletet, azt mindig indokolni kell.

– *Problémamegoldó gondolkodásuk végig stimulálva van*
Ez nem csak az aktívakra vonatkozik, hanem a csendes megfigyelőkre is – egyébként nem is maradnának ott a játék végéig.

– *Nincs kudarc*
Ha a többiek elvetik egy gyerek gondolatát, nem kudarcként éli meg, mert az **érvek meggyőzik**, hogy a javasolt varázslat, szupererő, hivatali ügyintézés stb. nem „lehetőség" egy hétköznapi gyerek számára.

– *Rugalmasság*
Ha az előbbi pont gyermekét mégsem győznék meg maradéktalanul az érvek, mindig hall egy új felvetést, amit elfogad jobb lehetőségként, vagy működésbe hozza a fantáziáját és ezen a vonalon gondolkodik tovább. Így lesz mindig közös siker az eredmény, hisz' mindenki beleteszi a maga ötletét, ami újabb és újabb irányt ad a megoldás keresésének.

– Igazi KOMMUNIKÁCIÓ zajlik
Figyelemmel meghallgatják egymás gondolatait, reagálnak rá, továbbgondolják, feltárják a buktatókat, és megdicsérik a működőképesnek tűnő ötleteket.

– Kifejezőkészségük magas szintű
Indokolni nem lehet egy-két szóval, ki kell fejteniük, hogy miért kifogásolnak valamit egy ötletben. Ennek köszönhetően kerek, egész, sokszor összetett mondatokban érvelnek.

– Tolerancia
Nem a beszéd minőségére figyelnek, hanem az ötleteket értékelik, s így a beszédhibás (súlyosan pösze, dadogó, vagy csak gátlásos) gyermekek is szabadon megszólalnak. A képtelen ötleteken sem gúnyolódnak, hanem elmagyarázzák, miért nem megvalósíthatók.

És most nézzük a játékot!

Zsuzsi kalandjai *(Farkas Annamária)*
Van egy babánk – Zsuzsi –, aki nincs kitéve a játékok közé, kizárólag ehhez a játékhoz veszem elő. (A végén persze játszhatnak vele, de aztán visszakerül a polcra.)

Zsuzsi a csoportunk tiszteletbeli tagja, egy mesebeli óvodás, aki sokszor kerül lehetetlen helyzetekbe. Ilyenkor a gyerekek keresik meg számára a megoldást, amivel kikerülhet a bajból. Az elhangzó megoldási javaslatokat megtárgyalják, aztán vagy elvetik vagy továbbfűzik – vitatkoznak.

A kalandhoz kell egy **izgalmas téma** – olyan történet, amely a vitázó gyermekekkel is megeshetne, tehát könnyen beleélik magukat a szituációba. A jó téma biztosítja a gyerekek érdeklődését, figyelmét. Kíváncsiak lesznek egymás véleményére, ezért meghallgatják egymást. Semmiféle fegyelmezésre nem lesz szükség, ha a gyermekeket izgalomban tartja a játék.

Kell egy szabály, amely **kizárja a mesei elemek használatát.** Zsuzsira valós gyerekként kell gondolniuk, akinek a képességei, lehetőségei nem haladják meg az övékét. Arra általában ügyelek, hogy túl gyorsan ne jussanak el egy megfejtéshez, így menet közben sok olyan akadályt viszek a történetbe, ami miatt további ötletekre van szükség.

Ízelítő a gyermekek által megtárgyalt eddigi témákból – ajánlom kipróbálásra, amíg eljut valaki a saját problémagyártásáig.

Aranyhajú Barbie

Timinek volt egy Barbie-babája bokáig érő aranyhajjal, amit Zsuzsi nagyon irigyelt tőle. Egyszer Timi őrizetlenül hagyta a babát a játszótéren, és Zsuzsi eltette. Meg is feledkeztek róla mindketten, Zsuzsi csak otthon vette észre, hogy táskájában maradt a baba. Már nem is akarta visszaadni, és hogy ne lehessen ráismerni, teljesen levágta a hosszú aranyhajat.

Timi másnap zokogva ment az óvodába, és egész nap siratta a babáját. Zsuzsi nagyon szerette volna megvigasztalni, de nem tudta, mit tegyen – egy kopasz babát nem adhat vissza!

Mit csináljon?

Mutatok néhány példát a nehezítésre. Ebben az esetben azért vetettem be ezt fogást, mert el akartam vezetni őket egy nagyon etikus megoldásig.

Tehát ha a gyerekek már-már áldásukat adják egy javaslatra, adok egy újabb információt, ami ezt megakadályozza. Pl. ha már elfogadnák megoldásként, hogy Zsuzsi vegyen egy másik babát a zsebpénzéből, akkor közlöm, hogy az elfogyott, mert épp a héten vette meg belőle a fehér plüssnyuszit. Pénzt kér az anyukájától? Anya azt mondja, hogy Zsuzsi okozta a bajt, neki kell megoldania is. Adja oda cserébe egy megunt játékát? Timinek nem kell a leharcolt alvóbaba.

Már több csoportban megtanácskoztam a gyerekekkel ezt a „kalandot", és az akadályok kerülgetésével eljutottak oda, hogy be kell vallania otthon is és Timinek is, amit tett, valamint Timi maga válassza ki Zsuzsi játékai közül azt, amivel megvigasztalódna. És igen, adja oda akkor is, ha épp a kedvenc játékáról van szó.

Betörő vagy postás?

A lakótelepen egy betörő postának álcázza magát, így akar bejutni a lakásokba. Zsuzsi egyedül maradt otthon egy órára, amikor becsengetett a postás (*a postás*...?), aki sürgős táviratot hozott, és ezt személyesen kell átvenni.

Kinyissa az ajtót vagy sem?

Bezárt a park

Zsuzsinak egyik nap megengedték a szülei, hogy a barátnőjénél aludjon, így délután Kingáékkal ment haza az óvodából. Délután Kinga nagytestvére levitte a kislányokat a kastélyparkba, ahol van egy nagy tó, fenyőerdő, sövénylabirintus, és egy nagy játszótér.

Zsuzsi egyszer meglátta a távolban a nagymamáját, és úgy gondolta, inkább nála alszik, mert Kinga undok volt vele délután. Szólt is Kinga testvérének, hogy ott van a nagyija, vele akar hazamenni, és már el is futott.

Amikor a nagylány látta, hogy Zsuzsi odafut a nénihez, hazamentek Kingával. Így azt már nem látta, hogy Zsuzsi tévedett: a néni csak hasonlított a nagymamára, de nem ő volt az. Zsuzsi bocsánatot kért a nénitől, amiért összetévesztette a mamával, és visszament, hogy megkeresse Kingáékat, de már nem találta ott őket. Kétségbeesve szaladgált mindenfelé, végül úgy elfáradt, hogy álomba sírta magát egy eldugott padon. Amikor felébredt, már este volt, és a magas fallal körülvett kastélyparkot már bezárták.

Mit tegyen most Zsuzsi?

Nagyi rosszul van

Zsuzsi a nagymamájánál aludt a nyaralóban, mert a szülei színházba mentek este. A nyaraló a hegyekben van az erdő szélén, szomszédok sincsenek a közelben. Este a nagymama nagyon rosszul lett, és elvesztette az eszméletét. Zsuzsi tudta, hogy a nagyi telefonján az egyes gomb a szülei hívószáma, de a szülők a színházban kikapcsolták a telefont.

Nagyinak sürgősen orvosra van szüksége, és Zsuzsi nem tudja, mit tehetne az erdő melletti kis nyaralóban egyedül. Mit tanácsolhatunk neki?

(Ezt a sztorit egy bemutató foglalkozáson a látogatók adták a gyerekeknek, de benne vannak a nehezítéseim is. Kemény dió volt, de megoldották.)

Elveszve
Zsuzsi egy fesztiválra vonatozott a szüleivel egy másik városba. Hatalmas a tömeg volt a színpadnál, ahol nagyon jó gyerekműsor ment. Zsuzsi, hogy jobban lásson, kicsit előrébb ment a tömegben, de közben vége lett a műsornak. Vissza akart menni a szüleihez, de rossz irányba indult, és még távolabbra került tőlük. Ekkor azt hitte, hogy már biztosan elmentek, ezért ő is otthagyta a parkot, hogy másfelé keresse őket. Addig bolyongott az idegen városban, míg egészen elveszett.
Mit tegyen?

Mintának ennyi elég, bár számos megtárgyalt zsuzsikalandunk van raktáron, hisz' Zsuzsi havonta 1-2 alkalommal ellátogat hozzánk, de ha a gyerekek kérik, még gyakrabban is. Sőt, arra is volt már példa, hogy egy gyerek kezdeményezte a játékot azzal, hogy van egy zsuzsikalandja, játsszuk el.

Persze nem kell mindig Zsuzsi egy vitához – lehet (vicces) vitát nyitni arról, hogy bemenjünk-e ebédelni, vagy maradjunk az udvaron; bevonhatjuk őket egy döntésbe – pl. hogy a KRESZ-parkba menjünk vagy a hátsó udvarra. Mindkét esetben az érvelésen és indokláson van a hangsúly – a szavazás csak utána következik.

Rejtvény gyerekeknek
A gyerekek is szeretik a rejtvényeket. Sokan úgy gondolják, erre a célra megfelelnek a találós kérdések. Csakhogy a találós kérdések éppen hogy nem a logika szabályai szerint működnek. Bőven akadnak közöttük, amelyek a favicc kategóriájába tartoznak (pl. *Melyik LÓ tud repülni?* holLÓ), és csak megzavarják

a gyereket. Vannak, amik az animizmuson (élettelen dolgok megszemélyesítésén) alapulnak – pl. *Lába nincs, mégis sebesen fut*. Itt a megfejtés a szél – de miért ne lehetne a másodperc, az idő, a gondolat, vagy más elvont dolog, amit a fantáziánk enged? Ilyen elvonatkoztatásra azonban a gyerekek még nem képesek. Vagy vannak olyanok, amelyek eleve téves információt adnak – pl. *Szereted vagy nem szereted, ha megeszed, megkönnyezed*. A megfejés a hagyma lenne. De a hagyma megevés *előtt*, a felvágáskor könnyeztet meg, lenyelés után – ellentétben az erős paprikával – már nem zavar. Az sem fejleszti a gondolkodást, ha valaminek millió megfejtése lehet, de egyik sem jó (pl. *Se hárfája, se gitárja, mégis szól a muzsikája*). Itt felsorolhatjuk az egész szimfonikus zenekart, de hiába, mert a megfejtés a tücsök.

Viszont gyárthatunk mi magunk olyan rejtvényeket, amik valóban nagyon megdolgoztatják a gyerekek gondolkodását.

Fontos, hogy az információkat egyenként, nagyon lassan adagoljuk, hogy legyen idejük megérteni. Minden információ egy kulcs ahhoz, hogy általa kizárjanak vagy beazonosítsanak egy képet. (Egy példa a következő rejtvényből: abból, hogy az egér *előtt* a madár lakik, kitalálhatják, hogy a madár nem lakhat a két *hátul lévő* házban, viszont az egyik hátsó biztosan az egér háza.

Erdei város (Farkas Annamária)
Rajzolunk öt házat.
   Általános jegyek: *egy ablak és egy kémény a jobb oldalon.*
   Eltérések: *A házak más jegyekben megegyeznek, de: egyiken* **nincs kémény**; *egy* **kétablakos** *van; egyiken* **bal oldalon van a kémény**.

Elhelyezkedésük:
Elöl négy ház: 1. ház kétablakos; 2–3. ház általános; 4. ház bal oldali kémény
Hátul az ötödik és hatodik (az **első sor 2. és 4. háza mögött**)
5. általános; 6. nincs kémény

```
        5. ált.                 6. nincs kémény


1. két ablak        2. ált.         3. ált.         4. bal o. kémény
```

Az információkat egyenként, a lenti sorrendben adjuk! Ha a gyermek beazonosított egy házat, ráteszi az állat képét. (**Állatok képe kis kártyákon**: medve, egér, pillangó, madár, róka, nyúl).

Az információk:
– *A medve házának nincs kéménye*
– *Az egér előtt a madár lakik*
– *A pillangó házának bal oldalon van a kéménye*
– *A nyúl házán két ablak van*
– *A róka háza a madár és a pillangó között va*n

Keresd meg Timit! (Farkas Annamária)
Az öt barátnő egyformán öltözött Timi születésnapi bulijára. Melyik közülük Timi?

Itt egy üres kártyával letakarják azt a képet, amit már kirostáltak.

Információk:

Timi jellemzői (általános jegyek)	Egy-egy eltérés a többi lányon
– Pöttyös a szoknyája	– csíkos szoknya
– hosszú ujjú pólót visel	– rövid ujjú póló
– nincs nyaklánca	– nyaklánc
– a haja a vállig ér	– hosszú haj

<u>Képkiállítás</u> *(Farkas Annamária)*
Öt üres képkeretet rajzolunk, és **sorban egymás mellé** helyezzük. Kis kártyákon szétszórjuk az „eltűnt" rajzokat: **ház, autó, ember, óra, csiga.**
Instrukció: *Van öt képkeretünk, de eltűntek belőle a képek. Azt kell megkeresni, hogy melyik keretben volt a ház. Ahhoz, hogy ezt megtudjuk, helyre kell tenni a többi képet. Kezdjük!*
– *A csiga a középső keretből szökött meg.*
– *Az ember képe a bal oldali keretben volt.*
– *Az óra mellett nincs élőlény.*
– *Az autó szomszédjai élőlények.*
– *Hányadik keret maradt a háznak?*

Kreativitás

Az óvodában a kreativitás fejlesztése többnyire kézműves tevékenység, barkácsolás során történik. Természetesen nagyon fontos, ha körülvesszük a gyerekeket olyan eszközökkel, amelyekből szabadon alkothatnak, így stimulálva ezt a fontos képességet.

De nézzük meg, mi kell még a kreativitás fejlesztéséhez: milyen is a kreatív ember?

– *Problémaérzékeny* – Észreveszi, megfogalmazza a problémát, megoldást keres.

– *Egyedi* – Sajátos, újszerű, másoktól eltérő ötletei, megoldásai vannak egy témában.

– *Ötletekben gazdag* – Gondolkodása könnyed, egy problémára gyors egymásutánban többféle megoldási módot is talál.

– *Rugalmas* – Képes szempontváltásra, a megoldások variálására

Elsőként mégis két rajzos ötletet mutatok:

Egészítsd ki a firkát! (Winnicott)

Donald Winnicott pszichiáter, pszichoanalitikus terápiás célra fejlesztette ki ezt a módszert, de a kreativitás fejlesztéséhez is sikerrel alkalmazhatjuk.

Egyéni fejlesztéséhez kiváló!

A játék lényege egy firka kiegészítése úgy, hogy értelmes ábrát kapjunk.

Firkálok egy szabálytalan vonalat, a gyermek egy másik színnel kialakít belőle egy felismerhető dolgot. (Nehezítésként két vonalat firkálok, ezeket kell egy ábrába foglalni.) A papírt szabad elfordítani, mert más irányból egészen másképp fest a firka, és úgy talán előbb megmozdítja a gyermek fantáziáját.

Felnőtt társaságban is jó szórakozás!

Játék a színekkel

Egy palettára nyomjunk ki különböző színű festékeket, adjunk mellé ecsetet és egy rajzlapot. A feladat, hogy alkossanak minél több új színt. Nem kell formákat festeni, csak kis pacákat helyeznek egymás mellé az új színekből. Nincs semmi megkötés – kísérletezzenek!

Egy fokkal nehezebb, ha fehér, fekete sárga és kék színekből kell minél több árnyalatban kikeverni a zöldet.

A kreativitás közösségben eredményesebben fejleszthető, mert impulzusokban gazdag légkörben van a gyermek. Egyedül néha megrekedhet („alkotói válság"), de elég egy külső hatás, hogy újabb lendületet kapjon. A társak pedig folyamatos impulzusokkal szolgálnak.

Nehéz olyan játékot mondani – ha nem lehetetlen –, amelyik ne fejlesztene egyidőben sok más képességet is. A kreativitás sem választható el a gondolkodástól, a fantáziától, az improvizációs készségtől, ezért fejlesztéséhez nyugodtan szemezgessünk játékokat ezekről a területekről is. Közülük is kiemelném az... *improvizációs játékokat*.

Felmerülhet kérdésként, hogy szüksége van-e egy gyermeknek improvizációra. Egyáltalán mi az improvizáció?

A zenében, színházban előzetes felkészülés nélküli előadást (rögtönzést) jelent; a hétköznapokban **késlekedés nélküli döntést**.

Az alkotást, de még a döntések többségét is megelőzheti egy hosszas felkészülési, gondolkodási idő, de vannak helyzetek, amikor azonnali megoldást kell rögtönözni. Ez az improvizáció.

Mert improvizálunk, ha kiderül, hogy nincs otthon egy fontos összetevő a főzéshez, és a meglévő alapanyagokból mást kell kitalálnunk; ha elszakad a gyerekem szandálja menet közben, és a hajgumimmal rögzítem, amíg cipőboltot nem találunk; ha egy szülő behoz reggel az óvodába egy több méter hosszú légbuborékos fóliát, hátha tudunk kezdeni vele valamit (egész délelőtt ugráltunk, táncoltunk rajta).

Szóval a mindennapi életben igenis szükség van a gyors, kreatív döntésekre, azaz a rögtönzésre, mert ez a képesség sok bajból húzhatja ki az embert az élete során. Ezért tartom fontosnak, hogy nagyobb figyelmet szenteljek ennek a képességnek már az óvodában is.

A játékgyűjteményben található játékok mellett most nézzünk meg egy újat, ami intenzíven fejleszti ezt a képességet!

Csodabéka *(Farkas Annamária)*

A Csodabéka úgy született, hogy egy építkezés mellett elhaladva a sittrakáson találtam egy nagyon érdekes purhab-alakzatot. Annyira amorf formája volt, hogy bármi lehetett, így hát magammal vittem az óvodába. Kötöttem rá egy sálszerűséget, és beleszúrtam egy kidobásra váró autókereket a megmaradt tengelyével. Amikor a megfelelő időben nagy titokzatossággal elővettem, a gyerekek döbbenten kérdezték, hogy mi ez. Mondtam, hogy én sem tudom, jobb lesz, ha megkérdezik tőle.

Az első békát még én szinkronizáltam, hogy bemutassam a játékot, de utána már a gyerekek vállalkoztak a békaszerepre.

A furcsa valami tehát békaként mutatkozott be. Kereke azért van, mert ő egy fűnyíróbéka. Azért, mert az apukája fűnyíró volt, az anyukája béka. Enni legszívesebben ingeket szokott – főleg szárítókötelekről szerzi be, de a nagyon kívánatosakat néha leeszi az emberekről – és így tovább, amíg a purhab-szörnyből egy kedves, vicces, kalandos életű mesebeli lény lett.

A következő alkalommal konstrukciós játékokból, terményekből, fonalakból hoztam létre a békát, de volt, hogy hungarocell-hasáb egyik végére kesztyűt húztam, a másik végét teletűzdeltem minden egyébbel, ami a kezembe akadt.

Amikor már a gyerekek személyesítik meg a békát, a játékot azzal teszem pergőbbé, hogy egy tapssal le lehet cserélni a szereplőt – így jelzik, ha valaki békaként szeretné folytatni az interjút. Fontos, hogy minél több gyerek lehetőséget kapjon a válaszadásra, hiszen a játék lényege, a rögtönzés itt nyilvánul meg. (5-6 kérdésnél korábban nincs csere!)

A kérdések gyorsan záporoznak a békára, és neki azonnal készen kell lennie egy szellemes, vicces válasszal, amit ráadásul semmilyen módon nem segítenek a valóság jól ismert, megszokott konvenciói, de nem mondhat ellent annak, amit már megtudtunk róla.

Ilyenkor nekem már semmi szerepem nincs, csak élvezem azt a fergeteges hangulatot, amit az egyre elképesztőbb furcsaságokkal felruházott béka válaszai kiváltanak. A vidámság tovább inspirálja a gyerekeket, hogy egyre lehetetlenebb tulajdonságokkal, tettekkel, körülményekkel gazdagítsák a békánkat.

Hogy miért van szükség arra, hogy világra hozzak ilyen lehetetlen lényeket? Mert ha az alanyunknak bármi köze is van a valósághoz, az erősen behatárolja a gyerekek fantáziáját – képtelenek elszakadni az ismert, megszokott, berögződött dolgok-

tól. A „Forró szék" királylánya bármennyire is mesealak, még-
iscsak egy ember, emberi tulajdonságokkal, a mese által kötött
lehetőségekkel.

A Csodabéka az a terep, ahol teljesen szabadon engedhetik a
fantáziájukat, és ahol nagy jelentősége van a humornak.

Nem kell mindig ennyire elrugaszkodni a valóságtól, ha a kre-
ativitást akarom fejleszteni. Nagyszerű kaland, hogy beviszek
egy új tornaeszközt, és a gyerekeknek kell kitalálniuk, hogy mit
kezdjünk vele. Sokszor olyan remek ötleteik vannak, amire ta-
lán az eszköz megálmodója sem gondolt.

Volt olyan eset, hogy a gyerekek negyedórán át próbálták
megfejteni, mi lehet az a titokzatos fényfolt, ami a terem falain
futkározik, de követi az utasításaimat – megállítom, odaparan-
csolom egy gyerekhez stb. És persze nincs nálam semmi, amivel
tükrözhetném a fényt. A dadusnénink kezében lévő kis fémtál-
ca volt a ludas a dologban. A terem távolabbi pontjáról nézte az
aktuális játékunkat, és szórakozottan mozgatta a tálcát. Ami-
kor felfigyeltem a futkározó fényfoltra, felhívtam rá a gyerekek
figyelmét is, de érdekessé attól vált a jelenség, hogy elárultam,
tudok parancsolni a fénynek, sőt át tudom adni a hatalmamat
bármelyik gyereknek. A dadusnéni azonnal vette a lapot, és köz-
reműködött a játékban. Hosszú idő és sok lázas találgatás, misz-
tikus magyarázatok után jött rá valaki a megoldásra.

Humorérzék

A rögtönzéshez hasonlóan olyan képesség, ami elengedhetetlen
az életben való boldoguláshoz. A humor segítségével sok nehéz
helyzetből vághatjuk ki magunkat felnőttként is.

A humorérzék fejlesztéséhez kiváló mesék állnak a rendel-
kezésünkre a gyermekirodalomból (pl. Csukás István, Petrolai

Margit meséi, Sven Nordqvist-től a „Pettson és Findusz" sorozat stb.), amelyek abszurd figuráikkal, helyzeteikkel, szófordulataikkal segítik, hogy a gyerekek ráérezzenek a humorra.

Jó humorforrások az „igaz-hamis" játékok, a fent említett „Csodabéka", de a meseimprovizációknak is adhatunk humoros irányt. Ezekben a játékokban már nem csak megértik a humort a gyerekek, hanem meg is teremtik.

A humort becsempészhetjük a mindennapokba is. Kedvelt figura az olyan óvónéni (ez én vagyok), aki nem tudja helyesen használni az eszközöket, aki nem látja meg az előtte hadonászó gyereket, aki a „rendetlenkedőket" bedugja a szekrény alsó polcára, és elé ül, hogy lezárja a kijáratot (de csak az egyik oldalon, hogy a másikon kiszökhessen a fogoly). Cserébe sarokba állítanak, ha rosszalkodtam, eltűnik a papucsom, amit mindig levetek, ha a szőnyegre ülök, és természetesen „senki nem tudja", hogy került az ágyazós szekrénybe. (Olyankor a fél csoport ott szokott sorfalat ülni, hogy véletlenül se találjam meg.

Az előnevem a gyerekek körében a „Vicces", amit az udvaron történő bohóckodások révén más csoportok gyerekeitől is megkaptam.

Én vagyok a kétbalkezes boszorkány, aki hiába áhítozik boszorkányos képességekre. Nem tud seprűn repülni és varázsolni, a beharangozott gonoszkodásból jó játék lesz. Ha kimondom a gonoszkodás szót, a gyerekek nevetve várják a játékot.

A metakommunikáció révén pontosan tudják, hogy mikor viccelek és mikor beszélek komolyan. Pl. ha egy gyerek a mosdóba kéredzkedik, nagy komolyan nemet mondok, és ez a gyerek a rezdüléseimből kiolvassa, hogy mikor vághatja rá évődve, hogy „akkor kiszököm!" És persze meg is teszi, hiába háborgok, hogy *„már nem is hallgatnak rám!"*.

Merjünk **bolondozni**! Nem kell félni attól, hogy ezzel lerom- boljuk a státuszunkat, mert éppen ellenkezőleg hat – erősíti azt. Nagyon közeli, meghitt kapcsolatot épít ki a felnőtt és a gyerekek között! Hiszen a kölcsönös ugratásokhoz állandó jó hangulat kell, és hogy a gyerekek egyenrangú partnert lássanak a felnőttben (akiről azért tudják, hogy időnként vezető szerepbe lép).

A nevetés hihetetlenül fontos! Ha egy nap nagy részét végig-nevetjük, az a pedagógusra legalább olyan pozitívan hat, mint a gyerekekre.

Kommunikáció

Erre a területre nagyon nagy hangsúlyt fektetek, az eredmények pedig csodálatosak. Itt most mégsem foglalkozom vele külön, mert annyira egybeforr más területekkel, hogy azok tárgyalá-sánál részletesen kitértem erre is.

Számtalan izgalmas kommunikációs játékunk van, amit más területeknél részleteztem (minden kérdezős és vitatkozós játék, társas improvizációk stb.)

Itt csak egy példával illusztrálom, mit érhetünk el a kommunikáció terén.

Egy március 15-én meghívtam egy katonai kiképzőtiszt apu-kát a csoportba, aki hozott magával egy 100 éves kardot és egy kibelezett fegyvert is. Tartott egy hangulatos kiképzést a gye-rekeknek, megtanultak „felsorakozni" és tisztelegni. De a leg-érdekesebb pontja nem ez volt a látogatásnak, hanem a beszél-getés. Amikor a katonánk megérkezett, leült, hogy mondjon pár szót, de megkértem, hogy hadd kérdezzenek inkább a gyerekek. Ezután közöltem a gyerekekkel, hogy a katona bácsit a „Forró székre" ültettem, és ez elég volt, hogy rászabaduljon a csoport. Elárasztották kérdésekkel, megtárgyalták a válaszokat, vitába szálltak vele. 35 perc után fogytak el a kérdések. A vendégünk azt mondta, egyetlen interjúban sem faggatták még ki ennyire mélyrehatóan, mint ezek a gyerekek.

Mindebből kitűnik, hogy tudnak – és szeretnek – kapcso-latot teremteni, ki tudják fejezni magukat, tudnak kérdezni és kérdésre reagálni. Érdekli őket, mit mond a beszélgetőpartner, ki tudják várni, míg a másik beszél.

A képesség- és személyiségfejlesztés a célzott játékoknál öszszetettebb formában is megvalósulhat. Ilyenkor nem csak egy célra fókuszálunk, mert a fejlesztést valamilyen projekt keretében, más célokkal párhuzamosan valósítjuk meg. Fontos, hogy észrevegyük az ilyen gyakorlatorientált folyamatokban rejlő egyéb lehetőségeket is.

Bábozás, mesedramatizálás

A mese a fantázia játéka, ezért nagyon közel áll magához a játékhoz, hiszen a gyermek szerepjátékában vagy reprodukálva, vagy improvizációként megjelennek a mesék, meseelemek.

A mindennapi mesehallgatás nagyon fontos, de legalább ennyire fontos, hogy a gyerekek ne csak verbális szinten, hanem tevékenyen kerüljenek kapcsolatba a mesével. Erre pedig legkézenfekvőbb lehetőség az óvodai bábozás, mesedramatizálás.

Sajnos a tapasztalataim azt mutatják, hogy ez a két terület nem kap elég jelentőséget az óvodai életben. Az óvónők érzik, hogy a hagyományos („betanulós”) módszerrel való dramatizálás nem illeszthető a gyerekek kreativitását célzó nevelési programokba, más megközelítést pedig nem ismernek. A bábozás és a mesejátszás ezért sok helyen vagy teljesen hiányzik a gyermeki tevékenységek közül, vagy magukra hagyják őket az eszközökkel. Pedig – mint minden másra – erre is rá kell vezetni a gyermekeket. Ezzel a folyamattal kívánok foglalkozni a későbbiekben.

Pályakezdő óvónőként sokáig idegenkedtem a dramatizálástól, mert a máskor lazán, oldottan játszó gyerekek mesterkéltté váltak az előadás során. Igen, előadás. Hiszen főképp ez volt a dramatizálás célja.

Ünnepélyek előtt két-három héttel kezdtük betanulni a mesét. A jó utánzókészségű gyerekek játékából könnyen ki lehetett találni, melyik óvónéni tanította be őket, mert hamisítatlanul visszaadták mozdulatainkat, hanghordozásunkat.

A jó dramatizálás receptjét nem tanították az iskolák, így vagy átvettük az idősebb kollégák módszerét, vagy mindenki saját elképzelései alapján „rendezett". Persze így is születtek művészi színvonalú gyerekelőadások, ahol a szereplők jobban élvezték a játékot, mint a nézők. De számomra idegenül hatott a szóról szóra bemagoltatott szöveg, a megkoreografált mozdulatok, a hetekig varrt, csillogó jelmezek, a színházba illő, pazar díszlet.

Mivel ez a fajta dramatizálás nem a gyermek önkifejezését, hanem elsősorban a közönség tetszését célozza, a siker érdekében rendszerint az „ügyesebb" gyerekek jutnak szerephez – akik jól és gyorsan megtanulják a szöveget, a mozgást, akik bátran, nagy hanggal képesek kiállni a közönség elé.

Vekerdy Tamás pszichológus is a spontán játék mellett szól, amikor kijelenti, hogy az óvodás korú gyermeket tilos lenne mozgásra, hanghordozásra tanítani. Kifejti, hogy a gyermek spontán játékában dolgozza fel a külső világról szerzett tapasztalatait és belső állapotát, indulatait, vágyait, feszültségét. Direkt beavatkozással mesterkéltté tehetjük mozgását, beszédét, hanghordozását. *(Vekerdi Tamás: Színészi hatás eszközei – Zeami mester művei szerint >Magvető, 1974)*

Hátránya még az ünnepre betanított produkciónak, hogy meghatározott szereposztással működik, ami kizárja, hogy minden gyerek minden szerepben kipróbálhassa magát. Általában az is igazolódik, hogy a szerepjátékok vezéregyéniségei kapják a dramatizálások főszerepeit, a többiek itt is, ott is statiszták maradnak.

Gabnai Katalin a *„Drámajátékok"* c. könyvében *(Helikon, 2011)* véleményeket ütköztet a gyermekek nyilvánosság előtti szerepeltetéséről. Itt *E. J. Lutz* korosztályonként vizsgálja a kérdést. Véleménye szerint a színházi fellépés még az első osztályos gyerekek esetében is a fantázia elnyomásához vezet.

A dramatizálás azonban fontos, nélküle sivárabb lenne az irodalmi nevelés – és az óvodai élet is –, ezért szükségét láttam egy olyan módszer kidolgozásának, amely a mesefeldolgozást a spontán játékhoz közelíti, s amelynek segítségével előhívhatom a gyerekek természetes megnyilvánulásait „mintha"-helyzetben. Célom, hogy a szerepjátékban megszokott őszinteséggel találjanak rá önmagukra a mesék királykisasszonyaiban, a szegényember legkisebb fiában, a jó tündérben, a gonosz boszorkányban, és ebben ne befolyásoljuk őket mi, felnőttek, betanított hanghordozással, gesztusokkal, viselkedéssel.

Elérhető sikerek

A módszer érdeme abban van, hogy az általa elérhető sikerek a csoport mindennapi életében és a gyerekek személyiségében is pozitív változásokat eredményeznek.

Ezek a következők:

- A gyermekek határozott fellépése, nyitottsága nem csak a mesében mutatkozik meg, hanem a természetes viselkedésükben is.
- Képesek párbeszédre bárkivel (kérdeznek, meghallgatnak, felelnek, reagálnak).
- Odafigyelnek egymás játékára, képesek folytatni, kiegészíteni társuk megkezdett gondolatát, cselekvését.
- A verbális és nonverbális kifejezési eszközök széles skáláját használják.
- Improvizálásuk magas szintű.
- A dramatizálás során minden gyerek képes a mese bármely szerepének eljátszására.
- A hétköznapokban is működik a csoport önszabályozó funkciója, igazi **közösségként** működnek – terveznek, szerveznek, döntenek, megvalósítanak.
- Toleránsak, segítőkészek, empatikusak.
- Minden mesedramatizálás egyedi, megismételhetetlen, hiszen minden gyerek másként formázza meg az adott szereplőt, beleteszik a saját ötleteiket.

A mesére tervezés szempontjai

A dramatizáláshoz kizárólag a játékokon keresztül vezetem el a gyerekeket.

Az előkészítő gyakorlatsor tervezésénél figyelembe kell venni a mese és a csoport jellemzőit, amelyek eleve meghatározzák az alkalmazható játékok számát és fajtáját.

A csoport jellemzői
– Életkor
Más megközelítést igényel egyazon mese feldolgozása egy homogén középső vagy nagycsoportban, és egészen más egy osztatlan csoportban.

– Drámában való jártasság
Kezdő drámacsoportban hosszabb kifutású a mesefeldolgozás, hiszen itt még nem történt alapozás, a szükséges improvizációs, mozgás- és kommunikációs készséget megfelelő szintre kell hozni.

– Érdeklődés
Ahogy a meseválasztásnál figyelembe vesszük a gyerekek érdeklődését, az őket foglalkoztató aktuális problémákat, úgy figyelni kell erre a játékok tervezésénél is. Ismerni kell a csoport beállítódását is, hogy az egyéni vagy csoportos, hogy a megélt vagy a képzeleti *minthá*ban történő játékokat kedvelik-e jobban. Ha a csoport hangulata, pillanatnyi fizikai és pszichés állapota úgy kívánja, akár foglalkozás közben is módosítani kell a terven.

Sok múlik azon is, hogy hogyan ismertetjük meg a gyerekeket egy-egy játékkal. Ha a szabályismertetés helyett mindjárt játékba kezdünk, és közben adagoljuk a szabályokat, sokkal nagyobb érdeklődéssel fogadják azt.

A mese típusa

A dramatizálási folyamat tervezését meghatározza a mese típusa is. Állatmeséknél több olyan játékot tervezek, amelyek a tipikus mozgások begyakorlását segítik. Tündérmeséknél helyzetfeltáró, karakterépítő játékokra van inkább szükség.

A mese fő konfliktusa

A tervezés során tudni kell, hogy milyen közelítést, távolítást igényel a történet ahhoz, hogy a mese üzenete eljusson a gyerekekhez. Elvontabb probléma esetében tematikus gyakorlatsorokban megtapasztaltatjuk a helyzeteket, hogy a későbbiekben ezek alapján alkalmazkodni tudjanak a szerepekhez.

Helyszínek

Ahhoz, hogy megfelelő belső kép egészítse ki a majdani játék stilizált helyszínét, pontosan meg kell ismertetni a gyerekekkel a helyszíneket. A hétköznapi helyszínek elképzelése, „bejárása" (erdő, vásár, szegényember háza) kevesebb játékot igényel, míg a sosem látott mesebeli világ (kacsalábon forgó királyi palota, Óriásország stb.) megteremtéséhez a képzeletet kell előbb felélesztenünk.

A dramatikus folyamat modelljei

Utánzás

Kiscsoportban a fő célom, hogy megszerettessem a gyerekekkel a mesét, és megteremtsek nekik egy olyan világot, ahol életre kelnek a mesék és a tárgyak. Megszólal a plüssjáték, a földre esett kanál, és elmaradhatatlan játszótárs, a „Kisember" – a középső és mutatóujjamból teremtett, csetlő-botló figura. Nincs olyan gyerek, akit ezekkel ne lehetne bevonni játékunkba.

A meséket asztali bábokkal tolmácsolom nekik. (Erről bővebben a „Bábozás" címszó alatt írok.) A hároméveseknek szóló mesék egyszerűek, nem igényelnek tartalmi feldolgozást, mert abban, hogy megértsék a segítségre vágyó főszereplő elesettségét és empátiát érezzenek, nem a tudat játszik főszerepet, hanem az érzelmek. Fontosabb, hogy megszeressék a szereplőket, érezzék át az ő érzéseiket. Ezt egy jól előadott bábjátékkal elérhetjük. Miután pár alkalommal eljátszom nekik a mesét, ők is szívesen részt vesznek a játékban, és leutánozzák azt, amit tőlem láttak. De ez mégsem csak puszta utánzás – mivel nem használok kötött szöveget, a láncmesék ismétlődő szövegmoduljain túl a saját szavaikkal kell megszólalniuk. Tehát nem a szöveget, hanem a cselekményt utánozzák le. Ezzel viszont már megteremtettük az alapokat a továbbiakhoz.

Mozaikos szerkezet

A tényleges dramatizáláshoz vezető útnak ez a modellje hosszabb, mert sok-sok, a történethez kapcsolódó játék kell, hogy a gyermekek saját, megélt élményként gondoljanak az adott mesére. Vannak játékok, amelyeken keresztül a helyszínt ismerik meg, másik játékcsoport a szereplők jellemét bontja ki, megint mások a metakommunikációt, utánzó mozgást segítik.

A foglalkozások szerkezeti összeállítása is minden esetben a csoport függvénye.

Drámában járatlan nagycsoport, középső vagy vegyes csoport esetében általában 1–3 játékot tervezek egy alkalomra.

A játékok sora nem alkot egybefüggő ívet, csupán az közös bennük, hogy valami módon kapcsolódnak a meséhez – a helyszínekhez, a szereplőkhöz, a korhoz, vagy a megjelenítéshez szükséges képességekhez. A 3–5 hetes folyamat alatt a szereplők szinte személyes ismerőseikké, a helyszínek környezetük részévé válnak, megértik a cselekmény minden mozzanatát.

A folyamat hosszát nem lehet pontosan meghatározni, mert a gyerekek diktálják a tempót – mi az, ahonnan egy alkalom után továbbléphetünk, mi az, amit át kell ugranunk, mert menet közben „beérett". Az biztos, hogy a bábozásra érdemes hoszszabb időt szánni, mert itt alakul ki a tényleges dramaturgia, és itt tanulják meg a térkihasználást.

A lineáris szerkezet

Ennek a modellnek a lényege, hogy az egyes foglalkozások mozzanatai egymásra épülnek, a cselekmény lendülete szinte töretlen marad.

Előnye, hogy rövidebb idő elég a folyamathoz, jobban épít a gyerekek önállóságára, kreativitására, és másfajta, intenzív élményhez juttatja őket.

Drámában jártas, fejlett csoportban alkalmazható, mert minimális előkészítő gyakorlatot alkalmazunk.

A mesefeldolgozás folyamata
konkrét meséken keresztül

Mozaikos szerkezet
A mese címe: Az aranytulipán
Korosztály: középső-nagycsoport (5-6 évesek)
Tervezett idő: 15–20 foglalkozás

A mese rövid tartalma: Feleséget keresni indul a királyfi. Vándorlása során segítséget nyújt minden rászorulónak – egy kis halnak, egy madárnak és egy ősz öregembernek –, akik a későbbiekben meghálálják jóságát. 99 pórul járt legény után századikként szerencsét próbál a királyfi is egy szép királylány kezéért. A próba csupán annyi, hogy el kell bújnia a lány elől. De hiába a kishal és a madár természetfeletti segítsége, a királylány azonnal felfedezi „nagy halnak gyomrában tengernek fenekén" és „nagy madár szárnya alatt napnak háta mögött". Az öregapó tulipánfává változtatja, s bár a királylány le is szakít róla egy aranytulipánt, nem ismeri fel a fában a királyfit. Ezzel kiállta a próbát, elnyerte a lány kezét.

Megjegyzés: Az alábbiakban nem osztom foglalkozásokra a játékokat. Egy alkalomra több játéktípusból válogatok (legyen benne helyszínteremtő, kommunikációs, mozgást fejlesztő stb.).

Hasonló jellegű játékokat a homogén gátlás elkerülése végett nem ajánlatos egy foglalkozásra tervezni. A hosszabb lefutású játék vagy tevékenység (pl. terepasztal készítése) önálló foglalkozást képez.

A mese bemutatása

Napirendünkben állandó helye van a mindennapi mesének (ami lehet a gyerekek rögtönzése, folytatásos mese is). Ilyenkor mutatom be az új meséket.

Eszközt nem használok (de motivációként mindig előkerül egy tárgy a titokdobozból – jelen esetben egy origami tulipán). A szemléltetéssel azért nem élek, mert ezzel mindenképp befolyásolnám a gyerekek képzeletét. Célom, hogy a meséhez fűződő érzelmek és a későbbi játékok során szerzett ismeretek határozzák meg a gyermekben kialakuló belső képet.

Nagyon lényegesnek tartom a bemutatott mese előadásmódját. Ebben a legalapvetőbb szabály, hogy ne olvassunk, mert a jó mesemondás alapja a mesélő és a hallgatóság kölcsönös kapcsolata. Meg kell találni az előadástechnikai eszközök optimális mértékét is, mert a (mimikával, gesztussal, hangsúllyal) túljátszott bemutatás nem fenntartja, hanem éppen ellenkezőleg, elteleli a gyerekek figyelmét; a monoton előadás pedig fel sem kelti az érdeklődést.

Helyszínteremtő játékok

Terepasztal

A dramatizáláshoz szükséges, *térben való gondolkodást* megkönnyíti, ha a gyermekek egy összefüggő térben látják a mese különböző helyszíneit. Jó idő esetén az udvari homokozóban, télen benti homok-terepasztalon dolgozunk, de megépíthetjük hungarocell-táblára is Meseország domborzatát és vízrajzát. Elképzeljük, merre vándorolt a királyfi és megformázzuk hozzá a hegyeket, völgyeket, patakokat (az udvaron vizet is engedhetünk a mederbe), készíthetünk erdőket (faágak), hidakat, palotát stb.

Síkban is készülhet terepasztal. Itt a térábrázolás megkönnyítésére besegítek azzal, hogy ceruzával felvázolom a térben elhelyezkedő hegyeket, de kedvük szerint illesztenek be tavakat, folyókat, erdőket. A szükséges épületeket megrajzolják, kivágják és felragasztják.

Hogy mi hol helyezkedjen el a terepasztalon, azt igen megfontoltan, közösen döntik el.

Minél részletesebben dolgozzuk ki a tájat, annál intenzívebb marad bennük az élmény, és jóval később (már a dramatizálás során) ezek az emlékképek öltöztetik fel számukra a képzelt teret szinte valóságos helyszínekké.

Gyűjtögetős

Nagyon sokoldalú játék, szinte minden tevékenységhez kapcsolható, hiszen bármilyen témakörben végezhetünk gyűjtést. Itt most a palotát rendezzük be a segítségével. Minden megemlített tárgy (ablak, aranylépcső, trón, szőnyeg, oszlop stb.) segít abban, hogy a „palota" szó tartalommal teljen meg. Minél többször játsszuk, annál otthonosabb lesz a palota, hiszen a gyerekek maguk rendezik be, csinosítják tovább.

Körben ülünk/állunk. Az első játékos mond egy szót, majd továbbadja a szólásra jogosító tárgyat (tulipán, mikrofon, egy pálca – akármi lehet) egy másik gyermeknek. A játék úgy izgalmas, ha nem sorban haladunk – bárkit választhatnak –, mert így sosem lehet tudni, mikor kire kerül a sor. Az a gyermek, aki már elhangzott szót ismétel, nem tud újat mondani, esetleg túl sokáig gondolkodik, fut egy „büntető kört".

A játék során aktivizálódik a gyerekek passzív szókincse (számos, máskor nem használt szó kerül ilyenkor felszínre), hallanak egymástól új ismereteket, és megtanulják gyűjtőfogalom alá sorolni az idetartozó dolgokat (faj-fogalom és nem-fogalom viszonya).

Hol voltam, hol nem voltam *(Farkas Annamária)*
A játék elején mindig elmondom az alaptörténetet és a helyszínt (ami mindig változó):

„A királyi palotában (piacon, parasztudvarban, konyhán, erdőben stb.) vagyunk. Nagyon sötét van, nem látunk semmit. Ahogy tapogatózunk, mindig találunk magunk körül valamit. Nem látjuk, ember-e, vagy tárgy, de megtapogathatjuk, megszagolhatjuk, lehet, hogy a hangját is hallhatjuk. Találtatok valamit? Tapogassátok meg! Most nyissátok ki a szemeteket! Ki mondaná el, hogy mit érzett a sötétben?"

Azt, hogy mit találtak, nem nevezhetik meg – az érzetek tolmácsolásából nekünk kell kitalálnunk. Itt nemcsak felsorolják a tárgyakat, mint a Gyűjtögetősnél, hanem pontosan le is írják ezeket. Az első tárgyat én mesélem el, ami mintául szolgál a stílushoz, és egyben megvilágítja a szabályokat is.

(„Egy kis emelvényre mentem fel, ahova három lépcsőfok vezetett. Vastag, puha szőnyeg borította az egészet. Az emelvény közepén egy szék állt. Hatalmas volt, magas támlával. Megtapogattam a szék lábát is, ami úgy volt kifaragva, mintha oroszlán lába lenne.")

Mozgásgyakorló játékok

Mesebeli ösvény *(Farkas Annamária)*
Az ösvényen (szőnyegen, amit három oldalról körbeülünk) rendszeres sétát tesznek mindenféle mesei alakok, akiket titokban megleshetünk. Elsétál előttünk egy kényeskedő vagy gőgös királykisasszony; öreg, kövér vagy gonosz király; fürge, kicsi vagy félelmetes madár; a hetyke, fáradt vagy szomorú legény stb. Egy mozgást több gyerek is bemutat a saját értelmezésében, de gyakran merítenek ötleteket egymástól is, vagy továbbfejlesztik azokat. Egy alkalommal néha csak két-három alanyt tudunk megjeleníteni, mert sokan többször is kiállnak az ötleteikkel. **A cél nem a konkrét szereplők mozgásának begyakoroltatása, hanem a gyerekek mozgásos önkifejezésének fejlesztése**. Minél több lehetőséget teremtünk az érzelmek, jellemek mozgásban történő megjelenítésére, annál gazdagabb, kifinomultabb lesz a kifejezésmódjuk.

A társak tetszése felszabadítja a gátlásokat, és teljesen el tudják engedni magukat. Több ilyen játék után a dramatizálás során már nem kell semmi instrukció a gyerekeknek; rendelkezni fognak egy saját eszköztárral.

Az történt, hogy... *(Farkas Annamária)*
Az előbbihez hasonlóan mozgásos imitációt végeznek, de itt már kis jelenetet mutatnak be párokban – ami már együttműködést igényel. A cél itt is a mozgásos önkifejezés, tehát némajátékról van szó. A rövid jeleneteket egymás után több pár is kipróbálhatja.

Példák a témákhoz:

– *Két ember keresztezi egymás útját. Az egyik siet, a másik elgondolkodik. Összekoccannak, és mindketten megijednek.*

– *Anya/apa sétál a gyerekével. A gyerek megbotlik, elesik, sír. A szülő felsegíti, vigasztalja.*

Szereplőkkel kapcsolatos játékok

„Üdvözlöm a királyt!" *(Farkas Annamária)*
A játék menete: X játékos egy virágot átad Z-nek egy megszólítással és egy köszönő formulával (pl. *„Hódolatom, királykisasszony!"*). Most Z viszi tovább a virágot, és a ráruházott királykisasszony-szerepben köszönti Y-t („Jó reggelt, szobalány!").

A játék során a szerepek nem állandók (pl. több királyt is kineveznek), így többféle státuszból köszönthetik ugyanazt a szereplőt (pl. a szakácsot köszönti a király, az apród, a kismadár), tehát gyakorolják az alá-fölérendeltségi viszonyokat.

Fontos funkciója a játéknak, hogy sorra vesszük a mese valós és lehetséges szereplőit. Ez akkor hasznos, ha a dramatizáláshoz szükség van a szereplők számának emelésére. Üdvözölhetjük a kuktát, mert feltételezzük, hogy dolgozik ilyen a palotában, de nem köszönthetjük Hófehérkét, mert ő nem illeszthető a mesénkbe.

A helyszínteremtő játékhoz hasonlóan itt emberekkel népesítjük be a palotát.

Riport a 99 pórul járt legénnyel *(Farkas Annamária)*
Egy riporter – lehet egy gyerek is – mind a 99 legényt végigkérdezi egy mikrofonnal, hogy hova bújt a királylány elől.

(Nagyon kedvelt játék, gyakran kérték vagy kezdeményezték maguktól a gyerekek. Kifogyhatatlanok voltak az ötletekből, és mert – meséről lévén szó – a csodás elemeket is segítségül hívhatták, bújhattak egérlyukba, tökfőzelékbe stb.)

A beszédre késztetés egyik legjobb játéka az egyszerű, de nagyon izgalmas körkérdést végigfuttató riporterjáték, amelyben minden gyerek szívesen megszólal. Ennél sokkal fontosabb szerepe, hogy segítségével megértik a mese egyik sarkalatos pontját: a királykisasszony feltételének súlyosságát. Láthatják, hogy sok-sok csodás rejtekhely sem maradt titokban a királylány mindent látó szemei előtt, tehát a próba nagyon nehéz. A riport megszemélyesíti a 99 legényt, így a mesében előforduló röpke mondat is arcokat, sorsokat villant fel a dramatizálás során a gyerekekben.

Forró szék

A játék menete: A „forró széken" ülő királyfival (majd a király-
lánnyal, és sorra minden szereplővel) interjút készítenek a gye-
rekek. Mindenfélét kérdezhetnek, ami felderíti az adott szerep-
lő szokásait, körülményeit, külsejét, gondolatait, gyerekkorát
(minden csoportomban hiányolták a gyerekek az anyákat a me-
sékből, ezért rendszerint megkérdezték, hogy van-e, volt-e, mi
történt vele), a szándékot (hogy miért járja körbe a világot egy
feleségért, miért fontos, hogy a férjjelölt el tudjon bújni.) A ki-
rálylányt szinte minden csoport megkérdezte arról, hogy nem
sajnálta-e a 99 pórul járt legényt, és hogy mi lett volna, ha a ki-
rályfi sem tud elbújni.

A játéknak köszönhetően minden szereplő személyes isme-
rősünkké válik, akinek van múltja, érzései, hobbija, barátja stb.

Metakommunikációt fejlesztő játékok

„Ez egy kiskutya"

Tartalmában nem tartozik a meséhez, de az egyik legjobb játék
a metakommunikáció (akár szélsőséges) alkalmazására. Na-
gyon kedvelik a gyerekek.

A játékvezető átad a mellette ülőnek egy tárgyat (pl. egy zok-
ni, fakocka, bármi), és szélsőséges mimikával, gesztussal, elvál-
toztatott hangon közli, hogy ez egy kiskutya. A szomszéd visz-
szakérdez egy újabb beszédstílusban.

1. *gyerek* kételkedve: „Ez egy kiskutya?"
1. *a 2-nak* mérgesen: „Ez egy kiskutya."
2. elkeseredve: „Ez egy kiskutya?"
És továbbadja a 3-nak egy újabb lelkiállapottal stb.

A játékban lehet grimaszolni, furcsa hangokat produkálni, sír-
ni, nevetni, stb. – minél mókásabb, annál jobb. Csipoghatunk

madárként, beszélhetünk reszketeg öregapó-hangon, tátogha-
tunk halkként.

A játék, amellett hogy mulattat, megtanítja a gyerekeket
arra, hogy fesztelenül használják a hangjukat, a mimikájukat,
megismerjék saját önkifejezési eszközeiket.

Halandzsa

Játszhat mindenki egyszerre, vagy két önként jelentkező a cso-
port előtt.

A szituációt itt is én adom meg:

*„Madármama leszidja a kisfiát, amiért későn jött haza. A fióka
fél, hogy kikap (vagy szemtelen, esetleg felháborodott). Mivel ők nem
tudnak embernyelven beszélni, madárnyelven csipogják el egymás-
nak a mondanivalójukat."*

Ha a gyermektől elveszem a szót, kénytelen a metakommu-
nikációra támaszkodni – a hangsúlyra, hangerőre, mimikára,
gesztusra stb. Nagyon jó előgyakorlat a dramatizáláshoz, de egy
idő múlva a mindennapi kommunikációban is megjelennek ezek
a kifejezési eszközök.

Vizuális típusú foglalkozások

Meseillusztrálás

A rajzokból megtudhatjuk, hogy rendelkeznek-e a gyerekek meg-
felelő belső képpel a meséről. Ha a mesével kapcsolatban elég
mélyek az érzelmeik, a rajzaik színesek, mozgalmasak, sablon-
tól mentesek lesznek. A helyszínteremtő játékoknak köszönhe-
tően a cselekmény ábrázolása mellett a környezet is feltűnik a
rajzokon. Megtudjuk azt is, hogy a gyerekek számára melyek a
mese leghangsúlyosabb pontjai, melyik rész foglalkoztatja leg-
inkább őket. Ezeket a jeleneteket a dramatizálásnál érdemes
részletesebben kidolgozni.

Színező

Ha a rajzokból kiderül, hogy stabil belső képük alakult ki a meséről, már nem befolyásoljuk őket ebben az illusztrációkkal – jöhetnek a szemléltető képek.

A színezők napközben mindig a gyerekek rendelkezésére állnak, biztosítják a mese folyamatos jelenlétét a szabadidős tevékenységben is. Míg dolgoznak rajtuk, gondolatban újraélik az adott jelenetet, vagy megvitatják egymással az ezzel kapcsolatos kérdéseket.

Vázlatolás *(Farkas Annamária)*

A mese cselekményét, időrendiségét vázlatkártyák segítségével rögzíthetjük eredményesen. Ez a pont már a mese tartalmi részéhez kapcsolódik, míg az eddigi játékok főként az érzelmi megközelítés és a dramaturgia szempontjából voltak fontosak.

A vázlatoláshoz 8 apró képben megrajzolom a főbb jeleneteket. Ezt sokszorosítom, felvágom, és összeállítok belőlük minden gyerek számára egy kártyacsomagot.

Amikor megkapják kártyacsomagot, a megnézegetéséhez hagyok egy kis időt, majd lassan mondani kezdem a mesét. Ha mesehallgatás közben a cselekményhez illő képet találnak, kiteszik maguk elé. Így, ha a mese végére értünk, a kártyák remélhetőleg időrendi sorrendben állnak.

A kártyarakosgatáshoz a gyerekek szétszélednek a teremben – dolgozhatnak az asztalnál ülve, a szőnyegen hasalva –, lényeg, hogy elég helyük legyen a kártyák kirakásához. A lapokat fentről-lefelé ajánlatos kirakni, ha a balról-jobbra haladó sorrendet még nem ismerik a gyerekek.

A csomag a nyolc kép mellett két kakukktojást is tartalmaz. Ez a két kép nem lóg ki nagyon a sorból, de aki figyeli a szöveget, egyértelműen ki tudja rostálni a nem odaillő kártyákat. A kakukktojás-kereséssel a játék érdekességét fokozom, ezzel is biztosítva a figyelem éberségét.

A foglalkozás után a kártyákat hazavihetik a gyerekek. A szülők visszajelzéseiből tudom, hogy a mese otthon is élni kezd a kártyákon keresztül. Voltak gyerekek, akik képeskönyvként használták, míg meséltek a családnak, mások pedig az óvodai vázlatolást játszották el otthon. Sok szülő ekkor hallotta először otthon emlegetni a mesét.

Bábozás

Figyeljük meg a gyerekeket, ha a babáikkal játszanak! Azt fogjuk tapasztalni, hogy a rögtönzött jelenetek mesélő nélküli párbeszédekből állnak. Ez azt jelenti, hogy ez a forma a természetes számukra, nem a narrátort alkalmazó dramatizálás. Azzal tehát, ha a felnőtt narrátort iktat be a gyerekek játékába, egy fokkal visszalépteti őket. (Mellesleg a felnőttek is unnák a színházat, ha narrátor mondaná a történetet.)

Az óvodában asztali bábokat használok (amelyek valójában nem is „asztali" bábok, mert általában a szőnyegen üljük körbe). A kesztyűs- és fakanálbáb mozgatása nehézkes; spontán játék során is leginkább gyakorlójátékot művelnek vele a gyerekek, amikor a *báb mozgatása a lényeg*. Ez egy mese előadásánál is eltereli a gyerekek figyelmét a tartalomról.

A bábokat jobb esetben maguk előtt, szemmagasságban mozgatják, rosszabb esetben alulról és – mindkét esetben – hátulról látják, a színpadképből semmit nem élveznek.

A kesztyűsbáb másik hátránya, hogy ritkán akad olyan, ami éppen illik a gyerekek kezére. A túl nagy bábnak lekókad a feje, a túl szűk gátolja az ujjmozgást. A báb mozgatásához szükséges finom ujjmozgásokra pedig valójában még nem is képesek.

További hátrány, hogy a paraván keretbe foglalja a bábokat, és ezzel kétdimenziósra korlátozza a mozgásukat.

Az **asztali bábokkal** ezzel ellentétben könnyedén boldogulnak a gyerekek, hiszen mozgatásuk egyszerű, nem külön technikához kötött. Előnye ennek a fajta bábozásnak, hogy térben zajlik, ezért többféle díszletet, kelléket is alkalmazhatunk (házakat, fákat, tavat). A gyerekek játék közben észrevétlenül elsajátítják a térszervezés legalapvetőbb szabályait, mert globálisan rálátnak az egész játéktérre – ami a dramatizálás során, ha a gyermek benne van a térben, már nem ilyen egyértelműen áttekinthető.

Az asztalon a díszletelemek külön-külön helyszínt jelölnek, de fontossá mindig csak az válik, ahol a játék éppen zajlik. Ez segít abban, hogy a dramatizálás során a hangsúlyos tér áthelyezésével jelezzék a helyszínváltást.

A bábok nem csak átsétálnak a szomszédos palotához, hanem megkerülik az erdőt, a tavat, ezzel is érzékeltetik a helyszínek közötti távolságot. Ha mindehhez hozzákapcsoljuk a terepasztalnak köszönhető térélményt, a bábdíszlet a valóságosnál is gazdagabb látványként jelenik meg a képzeletükben.

Amikor dramatizálásra kerül a sor, a gyerekeknek már nincs szükségük „rendezőre" a térben való mozgáshoz, mert teljes természetességgel ültetik át az új térbe a bábozásnál alkalmazott technikákat.

Az óvónő bábjátéka

A történetet 2–3 alkalommal egyedül játszom végig, mert eddig a mesével epikus formában találkoztak, a mese dramaturgiája – a párbeszédekben zajló cselekmény – ebben a szakaszban alakul ki, itt adok hozzá mintát a gyerekeknek. A következő lépésben a mellékszerepeket gyerekekre bízom. Így még – szerepen belül, mintaadással – segítem őket abban, hogy csak a bábokon keresztül szólalhatnak meg. Később már csak egy szerepet tartok meg magamnak. Ebben a szakaszban rögtönzéseket provokálok: olyan párbeszédeket kezdeményezek a saját bábom által, amelyek eddig nem fordultak elő a mesében.

A rögtönzést azért fontos beépíteni a játékba, hogy ne szövegben, hanem történetben gondolkodjanak a dramatizálás során.

Ha nem ez az első mese, amit ezzel a módszerrel dolgozunk fel, a gyerekek képesek felnőtt segítsége nélkül is az epikus részek párbeszédben, cselekvésben történő kifejezésére

A gyerekek bábjátéka

Ebben a szakaszban már kivonulok a játékból, az ő feladatuk a mese egészének megoldása. Nem javítok, nem segítek (ezt az előző fázisban is csak szerepből tettem), csak közönségként vagyok jelen. Javítják, segítik ők helyettem is egymást – pl. előfordult, hogy a királyfi közölte a királlyal, hogy vállalja a próbát, holott még szó sem volt erről, és elvonult. A király mentette a helyzetet azzal, hogy utánaszólt: *„Nem is érdekel, mit kell csinálnod?!"* A királyfi erre természetesen megkérdezte, mi a próba, és a király előadhatta a szövegét. Máskor egész kis vita alakult ki egy-egy jelenet felett – pl. hogy a főszereplő előbb találkozott a hallal, mint a madárral –, de ezt lezárták azzal, hogy mindegy a sorrend, és folytatták a játékot.

Feltűnt, hogy ha bábozni kezdenek, a mesét mindig az elejétől a végéig lejátsszák, nem csak részleteket emelnek ki belőle.

A bábozás szakaszára hosszabb időt szánok, hogy kellő biztonsággal mozogjanak a mesében. A bábok kikerülnek a játékospolcra, s még a dramatizálás fázisában is mindig a gyerekek rendelkezésére állnak. (Volt arra is példa, hogy már az új mese bábjai is kikerültek a polcra, de még akkor sem untak rá a régire.)

Jelmezkészítés, dramatizálás

Egyszerű, jelzésértékű jelmezeket készítünk. A munkába a gyerekeket is bevonom – nem baj, ha nem lesz szabályos a korona, a fontos, hogy ők dolgozzanak meg érte. Így a legegyszerűbb jelmez is felértékelődik, és ugyanazt szimbolizálja, mint egy készen kapott pazar öltözék.

Nem szerencsés, ha a ruha motiválja a szerepvállalást, ha elsősorban ezt akarják kipróbálni, nem magát a szerepet. A díszes, realista jelmez ellen szól az is, hogy eltereli a figyelmet, mert elsősorban magának tetszeleg benne a gyermek. A stilizált jelmez a szerepre irányítja mind a játszó, mind az őket néző gyerekek figyelmét.

A jelmezkészítés több napig is eltarthat, mert a szabadjáték idejében dolgozunk rajta. Akinek van kedve, csatlakozik, ha megunja, kiáll a munkából.

Amikor elkészülnek a szükséges eszközök, nem is kell semmi motiváció – felveszik a jelmezeket, és játszani kezdik a mesét. Ahhoz, hogy az érdeklődésük később is aktív maradjon, időnként valami új eszközzel motiválom a gyerekeket (pl. nagy kartondobozból várfalat barkácsolunk).

A játék folyamatosan csiszolódik, alakul. Nem igazgatom a mozgásukat direkt módon, esetleg a díszletek áthelyezésével adok irányt, vagy újabb metakommunikációs játékokkal segítek. (Pl. a mese adott jelenetének eljátszása némajátékkal.)

A dramatizálás már igazi összehangolt csoportmunka. Figyelnek egymásra, szerepből segítik egymást, nincs várakozás a jelenetek között. Néhány játék után ösztönösen ráéreznek a helyes gesztusokra, proxemikára, tempóra. Viselkedésük természetes, nincs benne mesterkéltség, hiszen nem tanult szerepet játszanak, hanem önmagukat adják.

A szöveg folyton változik, mert minden gyerek újra és újra megkonstruálja magának a szerepet, csupán a mese vázát kell figyelemben tartaniuk. Attól, hogy nem kapnak kész szöveget, arra kényszerülnek, hogy gondolataikat megfelelő reakcióidőn belül pontosan, világosan kifejezzék, hogy megtalálják a helyes verbális és metakommunikációs kifejezési módokat.

A mesét az előző játékokkal annyira körbejártuk, hogy minden szerep minden gyerek számára könnyen megformálható. A szereposztásba nem szólok bele soha (egyszer előfordult az is, hogy fiú alakította a királylányt), de kellő ideig frissen tartom a mesét ahhoz, hogy a főszerepeket minden gyerek kipróbálhassa, ha szeretné.

Lineáris szerkezet

A mese címe: Terülj, terülj, asztalkám!
Korosztály: nagycsoport
Tervezett idő: 4–5 foglalkozás

A mese rövid története:
Volt egyszer három testvér – Nyakigláb, Csupaháj és Málészáj –, akiket édesapjuk sorban elküldött szerencsét próbálni. Nyakigláb egy „terülj asztalkát" kap a munkájáért az ősz öregapótól, de hazafelé egy fogadóban egy közönséges asztalkára cseréli a kapzsi kocsmáros. Csupaháj ugyanígy jár az aranyat tüsszentő szamarával. Végül Málészáj indul útnak, aki egy „Üssed, üssed, botocskát" kap az öregapótól. Ezzel sikerül megleckéztetnie a fogadóst, és visszaszerzi testvérei jussát.

Előkészítő gyakorlatsor

A mese bemutatása vázlatolással
Az előző típusnál ismertetett vázlatkártyákat már a mese bemutatásánál megkapják a gyerekek, így egy időben ható vizuális és auditív ingerekkel mélyítem a bevésést. A képi megjelenítés alkalmazása ez esetben nem zavaró, mert ennél a fajta mesefeldolgozásnál egy sokkal intenzívebb – dramatikus cselekvésen nyugvó – élmény határozza meg majd a belső kép kialakulását. (A vázlatkártyák között természetesen itt is megtalálható a kakukktojás.)

Sűrítés
A mese legnagyobb tartalmi egységeit keressük oly módon, hogy a kártyák közül csak öt kerülhet felhasználásra. Fontos, hogy a történet ne sérüljön a sűrítés során, tehát a rövidített vázlat is tartalmazza a mese minden lényeges fordulatát.

Az előző rész (Vázlatolás) a mese tartalmi rögzítését szolgálta, most a logikai váz bevésése a cél. Az öt pont (1. A szegény ember döntése, 2-3-4. A fiúk próbatétele, 5. Málészáj szerencsével jár) rögzítése elég ahhoz, hogy a történetet önállóan is el tudják mondani a kártyák segítségével. A logikai váz gyakori alkalmazása megtanítja a gyerekeket arra, hogy mondanivalójukat átgondolják, s ezáltal gondolataikat tömören, csapongás nélkül tudják kifejezni.

Állókép

A gyerekek három csoportot alakítanak, s mindegyik csoport kap egy vázlatkártyát azokból, amelyek a sűrítés eredményeként megmaradtak. Ezek a kártyák a mese egy-egy tartalmi egységét jelentik, s most ezekből a szakaszokból kell állóképben bemutatniuk valamely, nekik tetsző mozzanatot. Ha készen vannak, egymás után megnézzük a csoportok munkáját, s a többiek megpróbálják kitalálni, melyik jelenetet formázta meg a csapat. Egy absztrahálásban gyakorlott csoportban címet is adhatnak egymás állóképeinek.

Interjú a szobrokkal

A többi csoport tagjai megszólíthatnak egy-egy szobrot az állóképből. Pl. ha a jelenetben megérkezik Nyakigláb a fogadóba, ilyen kérdéseket kap: „Mit gondolsz a fogadósról? Miért tartod magad mellett az asztalkádat? Minek örülnél most legjobban?". Fontos, hogy a kérdéseket úgy irányítsuk, hogy azok a jelenetek mélységébe vigyenek, és a szereplők érzéseit, gondolatait hívják elő. Pl. a fiúk lehetnek csalódottak, becsapottak, dühösek, bosszúszomjasak, elkeseredettek, miután a kocsmáros meglopta őket.

A játék az alapszituációban rejlő reálszituáció megértését szolgálja. Az általános karakterek itt kapnak először sajátos személyiségjegyet, a cselekmény pedig kiegészül érzésekkel, gondolatokkal.

Helyszínépítés

Továbbra is csoportokban dolgozunk, de mindhárom csoport más-más feladatot kap.

1. A falu megépítése székekből
2. Az ősz öregember tanyája – közös rajzolás
3. A fogadó belső terének megépítése egy asztalon a csoportszobában található bármilyen tárgyakkal.

A helyszínek érzelmi-hangulati alapot kapnak attól, hogy ők teremtették, hogy közük van hozzá. Ismerik a hely részleteit, a történetét, s ettől személyessé válik a tér, mintha valóban ott jártak volna. A közös tervezés, a közös munka, az esetleges viták és azok megoldása minden másnál jobban fejleszti a gyerekek kooperációs készségét.

Improvizáció
Két önként vállalkozó áll ki szőnyeg közepére, és szerepet választanak maguknak (apa-fiú, fogadós-fiú, öregapó-fiú, csacsi-Csupaháj), és lejátsszák a mese egyik jelenetét. (Pl. találkozás az ősz öregemberrel; lejárt az esztendő; Málészáj megkapja a jutalmát.)

Ez már önálló dramaturgia-készítés, mert a gyerekek eddig csak epikus formában találkoztak a mesével, nem előzte meg bábozás sem, ahol mintát adtam volna a párbeszédre.

A rögtönzést mozgásban végezzék, mert ez még jobban segíti szerepbe lépést!

Mesés játszóház
Első lépésként kiválasztjuk a három állandó szereplőt: a három fiút; és már kezdődik is a játék. A történet menetét narrátorként, vagy szerepbe lépve folyamatosan irányítom.

Nyakigláb elindul
Öt gyerekből kört alakítok, ez a „ház". A három fiút a házukba irányítom, és narrátorként elkezdem a történetet,

„Volt egyszer szegény ember, annak három fia. Egyszer a szegény ember így szólt a legidősebbhez: ..." – és kezdődik az első párbeszéd.

Az első szerepet – az apát – én alakítom. Azzal, hogy elsőként én lépek szerepbe („*Gyere ide, édes fiam, Nyakigláb!*"), indirekt módon megadom a játék alaphangját, stílusát.

A párbeszéd mellett még szükség van az epikus részekre, amit mesélőként én szövök bele a játékba. Mindig csak annyit, amennyi elegendő ahhoz, hogy helyzetbe hozzam a szereplőket. Vigyázni kell, mert egy rögtönzésben járatlan csoport esetében a játékvezető egyedüli akciója marad az egész folyamat!

Helyszínteremtés (erdő)

Nyakigláb egy (közös) vándorénekkel kísérve a körön belül vándorol. Akit megérint, beáll a körbe, és fává változik. Mire mindenki elfogy, kialakul az erdő.

Ismét egy helyszínt teremtettünk. Erre azért van szükség, mert a térből kiragadva, a semmi közepén nehezebben mozdul meg a fantázia, mint egy jól elképzelhető helyszínen.

Találkozás az öregapóval

„Ahogy ment, mendegélt, egyszer csak találkozott egy öregapóval, aki megszólította."

A szerepre rámutatással választok valakit. Az öregapó egy improvizált párbeszédben szolgálatába fogadja a fiút.

A játék konkrét előgyakorlatával már találkozhattunk az improvizációs gyakorlatban is, de amikor ezt a fajta mesefeldolgozást alkalmazom, már egyébként is jártasak a gyerekek a rögtönzésben.

Nyakigláb dolgozik

„Az öregapó hazavitte a fiút a tanyájára, és Nyakigláb azonnal munkába állt."

A narráció alatt kétoldalt kinyújtom a két kezem, ami nálunk egyezményes jel a köralakításra. Ezzel máris bekerítettük a tanyát, Nyakigláb pedig munkába áll. Addig sepreget, amíg elénekeljük a „Dolgozni szaporán" kezdetű dalt.

„Amikor letelt az esztendő, az öregapó megdicsérte Nyakiglábat, és megjutalmazta egy terülj-asztalkával."

Rámutatok az öregapóra, hogy az ő szerepe következik – ő pedig szerepből dicsér és jutalmaz.

Hazafelé

„Nyakigláb nagyon kíváncsi volt az asztalkára, ezért útban hazafelé megállt, és kipróbálta az ajándékot."

Mire eddig eljutunk a mesében, már értik, hogy működik ez a mesejáték, és Nyakigláb teszi, amit mondtam. A csoport drámában szerzett jártasságának köszönhetően az improvizációban nincs szükség a segítségemre.

A fogadóban

„Estére egy fogadóhoz ért." (Míg ezt mondom, öt gyerek alkotta körből felépítjük a fogadót.) *„Bekopogott, és szállást kért éjszakára a fogadóstól."*

Rámutatok egy gyerekre, aki fogadósként máris szerepbe lép, és bevezeti a fiút a fogadóba.

„A fogadós oldalát fúrta a kíváncsiság, hogy miért vigyáz a vendége ennyire az asztalkájára, ezért úgy határozott, hogy meglesi. Alig akart hinni a szemének attól, amit látott. El is döntötte, hogy megszerzi az asztalt."

A narráció után félreállok, jelezve, hogy most a fogadós jelenete következik.

A fogadó bekerítésének a helyszín jelzése mellett más funkciója is van: a fogadós a körön kívül leskelődik.

„Amikor Nyakigláb elaludt, a fogadós belopakodott, és kicserélte az asztalt egy ugyanolyan asztalkával."

A fogadós lejátssza a jelenetet.

„Reggel Nyakigláb köszönetet mondott a fogadósnak a szállásért, és elindult   haza."

Újra otthon

Visszaállítjuk a szegényember házát oda, ahol a játék elején volt.

„Otthon nagy örömmel fogadta az édesapja és a testvérei."

Az apa szerepébe már nem állok vissza, választok egy másik gyereket.

„Miután kiörvendezték magukat, Nyakigláb be akarta mutatni a csodaasztalt, de az nem működött.

A gyerekek játéka.

„Nagyon megharagudtak rá, hogy így becsapta őket, és jól eltángálták szegény Nyakiglábat."

A gyerekek játéka.

„A szegényember most útnak indította a második fiát."

A mese innen refrénszerűen ismétlődik: a másik két fiú is elindul, találkozik az öregapóval, elszegődnek hozzá, majd a jutalmukkal betérnek a fogadóba stb. Minden jelenetben más-más gyerek személyesíti meg az öregapót, a kocsmárost és az apát, csak a három fiú szerepe marad állandó.

A szerepcserék több gyereknek lehetőséget adnak a helyzetek megélésére, de a játék néma résztvevői is éppúgy magukénak érzik a mesét, mert ők jelenítik meg a helyszíneket, részt vesznek a vándorlásban, és mert bármikor szerepbe szólíthatom őket is.

Az ismétlődően kialakított helyszíneknek az a szerepük, hogy állandóságot teremtsenek. Mivel a színi látszatnak ilyenkor már a belső valósága is működik, a gyerekek nem a valós, hanem a belső képpel kiegészített képzelt világot látják a játék során.

A helyszínek mellett a jelenetek forgatókönyve is ismétlődik, s ezek a visszatérő párbeszédek, dalbetétek szintén állandóságot jelentenek az improvizációk folyamán.

A hasonló helyzetek, az újra megtalált helyszínek fontos részei azoknak az intenzív élményeknek, amelyeket játék közben megélnek a gyerekek, s amelyek a későbbiekben ugyanolyan plasztikus belső kép kialakulását eredményezik, mint az előző típusú mesefeldolgozás hosszabb, aprólékosabb fázisai.

A mese bábokkal

Mivel az előző játékban már megkezdődött a gyerekek helyzetbe hozása, elég a közös bábozással indulni (tehát kimarad az óvónő egyedüli bábjátéka). Ebben a fázisban viszem be a jeleneteket szélesítő improvizációkat. (A fogadós vacsorát ajánl

Nyakiglábnak – „*Van ennivalód? Hozzak vacsorát?*" –, de ő persze elutasítja, mert a mese szerint a *Terülj asztalká*ról kell vacsoráznia, hogy a fogadós kileshesse a titkát. A rögtönzést más szerepekből is megteszem, hogy bátorítsam őket a mesén belüli szabad improvizációra.

Másik módja az improvizációs helyzet teremtésének, ha „provokálom" a gyerekeket. Pl. a fogadós mindenképpen meg akarja etetni Nyakiglábat, és nem tágít az elhatározásától. Vagy Málészájként nem akarok szolgálatba indulni, esetleg nem fogadom el a szolgálatomért kapott furkósbotot. Ilyenkor a folytatás érdekében a másik szereplőnek rá kell bírnia renitenskedőt, hogy tegye, amit a forgatókönyv szerint tennie kell.

A szerepvállalásaim másik célja, hogy indirekt, belső irányítással segítem az epikus részek monológban, párbeszédben, vagy cselekvésben való megjelenítését.

Az óvónő–gyerek bábozást a gyerekek önálló bábjátéka követi.

A szabadidőben mindig elérhető bábokat bármikor levehetik, hogy eljátsszák a mesét – még szereplőtársakat is toboroznak maguknak. Az én feladatom már csak az, hogy az egyébként passzív, vagy gyengébb képességű gyerekekkel egyénileg kezdeményezzem a bábozást.

Jelmezkészítés, dramatizálás

A mesés játszóháznál eszköz nélkül dolgoztunk, de a tényleges dramatizálásnál használunk egyszerű jelmezeket, díszletet, kelléket, amelyeket – mint a mozaikos modellnél – szintén a gyerekekkel közösen készítünk el.

Ez a foglalkozás már megegyezik az előző modellnél ismertetett eljárással. Az eredmény várhatóan ugyanaz: egy mélyen átélt, szimbólumszinten működő mesevilág.

A dramatizálással párhuzamosan beillesztem a „Forró szék" c. játékot a szereplők jellemének, életének kibontásához.

A betanult szövegű dramatizálás során a gyerekek nem jutnak túl a párbeszédek felszínén, a fenti két módon megélt mesénél viszont az érzelmekig, az oksági összefüggésekig leásva, a helyszíneket bejárva már nem játszói, hanem résztvevői a történetnek.

INTERAKTÍV MESEJÁTÉK ÉS „TANMESE" (MESÉBE REJTETT NEVELÉS, TANULÁS)

A nevelési-oktatási célokat kétféleképp ültethetjük a mesébe:

1. Mesejátékkal
– Egy **didaktikai** feladat megoldását segítő **játéksort** történetté (mesévé) fűzünk.
– **Elvontabb problémák megoldásához** (társadalmi, érzelmi, erkölcsi kérdések) írunk egy kerettörténetet, amit (szerepből irányítva) eljátszunk a gyerekekkel. A gyerekek itt nem statisztaként mozgatott szereplők, hanem **interaktív résztvevői** a mesének.

2. „Tanmesével"
– A tanmese egyik változata, amit egy adott probléma kapcsán ott, helyben **rögtönzünk**. A rövid kis példamesével érthetőbbé tehetjük a problémát, mint a legalaposabb magyarázattal.
– A másik változat, ha előre **megírjuk a mesét**, ami tartalmazza az összes átadásra szánt ismeretet és nevelési problémát, majd a meséhez kapcsolódó játékokkal rögzítjük az ismereteket.

Mesejáték játéksorból

A fejlesztő tartalmú játékok, játéksorok önmagukban, mese nélkül is kifejtik hatásukat. Ha mégis mesévé fűzzük ezeket, az inkább egy kellemes ajándék a részünkről a gyerekek felé, ami különleges élményt jelent számukra.

Az ilyen mesejáték összeállítása egyszerű, nem igényel nagy energiát, néhány lépésből megoldható:

1. Cél és feladat megvizsgálása

Először is azt kell megnéznünk, hogy célszerű-e a mesejátékot választani a fejlesztéshez. Ha van módunk a közvetlen, cselekvő megismerésre, akkor azt válasszuk! Őszi gyümölcsök témájánál menjünk piacra, készítsünk gyümölcssalátát; az „Ősz" témakörére pedig komponálhatunk mesejátékot. Ebből következik, hogy elvontabb témáknál, ahol a közvetlen megtapasztalás korlátozott, vagy túl monoton lenne a gyakorlás egy kerettörténet nélkül, jó szolgálatot tesz a mese.

2. Mesetéma

Legjobb a bonyodalomból kiindulni. Ha van egy izgalmas probléma, az nagyjából körvonalazza a cselekményt is. Pl. elveszett valami vagy valaki; meglepetés-szülinapot rendeznek a testvérek anyának, de ehhez meg kell szerezni egy nehezen beszerezhető ajándékot, vagy tortát akarnak sütni; összedőlt a király vára, és az ország lakói összeállnak, hogy felépítsék egy híres építőmesterrel stb.

3. Játékgyűjtés

Játékok keresése a célhoz és feladathoz. A szükséges játékok sokszorosát gyűjtsük össze, hogy legyen miből válogatnunk, amikor a cselekményt alakítgatjuk.

4. A cselekmény

Kalandok vezetnek a probléma megoldásához – mindegyik kaland egy játékra épül. A játékok címe vagy tartalma néha már eleve tartalmazza a kalandot, de ötletet mindenképpen meríthetünk belőlük. (Ezért jó, ha a szükségesnél több játékot gyűjtünk össze, mert valamelyik biztosan megindítja a fantáziánkat.)

5. Foglalkozási vázlat elkészítése

Részletek kidolgozása

Nézzük meg egy konkrét példán keresztül a lépések megvalósítását!

Cél és feladat megvizsgálása

Matematikai gondolkodás fejlesztése – Műveletek: több-kevesebb, ugyanannyi

A feladatunk esetében a mindennapi matematikai tapasztalatok gazdagításában, rendszerezésében jó szolgálatot tesznek a célzott játékok, alkalmazásuk indokolt és javasolt. A gyakorlás eredményességét nem befolyásolja, ha mesejátékká is fűzzük a játékokat, de élményt jelent a gyerekeknek.

Mesetéma
Bonyodalom: Egy varázslat folytán verébbé változnak a gyerekek
    Cél (amiért érdemes végigcsinálni a játékot): megtalálni a tündért, aki visszaváltoztatja őket

Játékgyűjtés
A feladathoz kapcsolható játékok összegyűjtése. (Itt már csak a kiválasztott játékokat mutatom be.)

- **Forgószéljáték** – Futás a térben. Jelre (dobszó) a játékvezető által bekiáltott számú csoportokat alkotnak a gyerekek. Az adott számnál több vagy kevesebb létszámú kört megforgatja a forgószél (az óvónő, aki beáll a körbe a gyerekek közé) és futnak egyet.

- **Mozdonyvezetős** – Kijelölünk 2–5 mozdonyvezetőt. A gyerekek futnak a térben, jelre („Állomás!") beállnak egy-egy mozdonyvezető mögé. Melyik vonatban van több (kevesebb, ugyanannyi) utas?

- **A sas és a verebek** – (Ez a témaadó játék!) A sas egy körben áll, őrzi a körülötte szétszórt madáreleséget (babzsákok). A verebek megpróbálják megszerezni az élelmet. Ki mennyit tudott megszerezni?

- **Cipős játékok**
  1. Párosítás – a halomba szórt cipőket két versenyzőnek (vagy két csapatnak) párok szerint kell kiválogatni. Ki menynyi párt gyűjtött?
  2. Sorépítő – a két csapat (versenyző) pároktól függetlenül építi a maga sorát a cipőkből. Melyik sor a hosszabb, melyikben van több cipő?

- **Vonatos játék** – a vonatokat 2, földre fektetett szalag jelzi. A térben szaladgáló gyerekek a játékvezető instrukciójának megfelelő vonatba szállnak be. (Pl. odaáll az egyik vonat mellé, és közli, hogy ide szálljanak a lányok; a nadrágot viselők; a kicsoportosok stb. (Variáció: Több színes szalagot, színes kártyákat – jegyeket – használunk. Feladat: az azonos színű vonatba beszállni.)

A cselekmény

~ A verébbé változott gyerekek szárnyra kapnak, hogy megtalálják a tündért. Útközben viharba kerülnek (Forgószél-játék)

~ Elfáradtak, vonaton folytatják tovább az útjukat. A vonatra csak mezítláb szállhatnak fel – a cipőket egy nagy kosárba teszik. (Vonatos játék)

~ Átszállás másik vonatra (Mozdonyvezetős játék)

~ Végállomás – a Százlábúak földje. A százlábúak nagy bajban vannak, mert egy vakond elvette a cipőiket. Kérik a verebek segítségét. (Összedolgozott játékok: A sas és a verebek + Cipőpárosítás + vonatos)

A százlábúak a színes szalagok, a vakond (óvónő) őrzi a cipőket. A gyerekek a megszerzett cipőket párosítva „adják fel" a százlábúakra (a szalag egyik oldalára teszik azt a cipőt, amit megszereztek, majd ha előkerül a párja, mellé helyezik a szalag másik oldalára).

~ Megoldás – a százlábúak ismerik a tündért, és hálából a segítségért elő is hívják az óvónő személyében. A tündér odaállítja őket a cipőikhez, varázsigét mondogat (pl. „Bújj csak bele a cipőbe, gyerek leszel egykettőre!")

Aki felvette a cipőjét, visszaváltozott gyerekké.

Foglalkozási vázlat elkészítése
Részletek kidolgozása, szervezési feladatok.

Interaktív mesejáték

A mesejáték akkor válik igazán nélkülözhetetlenné, ha olyan problémát szeretnék megoldani, amit a gyerekek szavakból, magyarázatokból nem értenek meg. Egy nagyívű mesejátékon keresztül intenzíven beleélhetik magukat a helyzetbe. A problémát nem kívülről látják, hanem nekik kell megoldást találniuk, amihez a felnőtt csak indirekt segítséget nyújt, így a boldog végkifejlet nem csak megkönnyebbülést, hanem nagy sikerélményt is jelent nekik.

A játék alatt erősen stimulálva vannak az érzelmek, mert szinte valóságként élik meg a kalandot, ezért az ismeretek bevésése is erősebb. Felnőttként is illékonyabb egy gyermekvédelmi konferencia minden előadása, mintha egy gyermekotthonban tett látogatáson szembesülnénk ugyanazokkal a problémákkal. A gyerekek gazdag fantáziájának köszönhetően az interaktív mesejátékban szerzett, érzelmekkel átszőtt tapasztalatok hasonlóképp rögződnek.

A felkészülés során nem kell teljesen kidolgozott mesét írnunk, csak a mese vázlatát készítjük el, belekalkulálva a lehetséges irányokat, ahova a gyerekek eltéríthetik a mesét. Ki kell dolgoznunk, hogy a variációk esetében hogyan terelhetjük az eredeti medrébe a cselekményt, és szükség esetén milyen indirekt beavatkozással vezethetjük el őket a megoldáshoz.

Megéri a fáradozás, mert az ilyen mesejáték nemritkán hónapokra szóló élményt jelent a gyerekeknek.

A továbbiakban vázlatokat közlök, amelyeket igyekeztem úgy megírni, hogy a leírt foglalkozásokat bárki kipróbálhassa a gyakorlatban. A vázlatokat azonban valószínűleg egy kicsit

testre kell szabni, mert az adott óvodában más az eszközkész-
let, könnyítést vagy nehezítést kell belevinni a csoportok fej-
lettségéhez igazodva, vagy csak kihagyunk egy lépést, amivel
nem tudunk megbarátkozni.

Aki fogékony az ilyenfajta foglalkozásokra és ráérez az ízére,
önállóan is meg tudja tervezni a saját mesejátékait.

Füstmese

Levegőszennyezés

*Az alapötlet nem a sajátom, egy videón láttam valamikor régen – saj-
nos a forrást nem ismerem, így nem tudom megnevezni. Ezt az ala-
pötletet írtam át interaktívvá, és bővítettem ki további ötletekkel.*

A foglakozás menete, szervezés	Megjegyzések, reflexió
Szervezés: A terem egy részében nagy, összefüggő tér biztosítása	A szőnyegen foglalatoskodó gyerekeket más helyszínekre terelem a játék minimális megzavarásával.
Motiváció: – Titokdoboz – benne kék és szürke fóliakendők. – Asszociációs játék – Mire emlékeztet?	A kíváncsiság nagy motiváló erő, ami kicsiket, nagyokat egyaránt vonz, a Titokdobozra pedig mindig kíváncsiak. A dobozból előkerülő fóliák révén egy asszociációs játékkal „bemelegítem" a képzeletüket, amelyre az egész játék alapozódik. A gyerekek tippjei után elmondom, hogy engem a szürke a füstös levegőre emlékeztet – ezután a kék szín valószínűleg előhozza a tiszta levegő asszociációját.

Mesébe hívás

„Ezekben a kendőkben egy mese bújt el arról, amikor nagy veszélybe került a tiszta levegő. Még most is veszélyben van, de mi megmenthetjük, ha belevarázsoljuk magunkat a mesébe. Ki tart velem?"

A játék előkészítése

Kendők – és ezzel a szerepek – kiosztása. Szürke kendő a füst, kék a tiszta levegő.

A mese
1. Idilli reggel

Tiszta és friss levegő, csicsergő madarak (Gryllus: „Tillili-tülülü" dal eléneklése).

2. Ébred a város

Üzemelő gyárak, élénkülő közlekedés – egyre több a füstpamacs a levegőben, amelyek foglyul ejtik a tiszta levegőt, végül nagy füstfelhőt alkotnak. A madarak elhallgatnak, nem tudnak repülni, az emberek köhögnek.

A képzelet és a kíváncsiság további stimulálásával várhatóan megnő a gyerekek aktivitása, tettrekészsége. A mese ígérete csak emeli a kedvüket, és egyben kijelöli a cselekvési teret.

Az ilyen drámajátékok nem ismeretlenek a gyerekek előtt, gyakran alkalmazom ezt a módszert, ezért már a várható élmény is erős motivációt jelent.

Három csoportra osztom a gyerekeket. Két csoport különböző színű kendőket kap, a harmadik csoportra osztom az erdő szerepét.

A „Mozgó mese" c. játékunk szabálya szerint az a csoport, amelyik meghallja a nevét a történetben, cselekvésbe lép. Itt a „tiszta levegőt" megszemélyesítő gyerekek foglalják el a teret (egy kék kendővel én kezdem a járkálást és kendőlobogtatást). Az énekkel behatárolom a mozgás idejét.

Szerepbe lépnek a „füstpamacsok" – a szürke fóliát tartó csoport (szürke kendővel én is szerepbe lépek). Összeszedik a kék kendővel keringő „tiszta levegőt".

Ha minden kék kendőst befogtak, egy kígyózó vonalban létrehozzuk a füstfelhőt.

3. Az erdő felett

A füstfelhő továbbsodródik, és a várost elhagyva az erdő fölé ér. A fák beszívják a szennyezett levegőt, megtisztítják, és újra kék lesz az ég.

A füstkígyó a kerek erdő körül kering, a fák kinyúlnak, és megpróbálják elkapni a szürke kendősöket. Az a füstpamacs, akit megfognak a fák, beáll az erdő közepére, és újra csak a kék kendős tiszta levegő marad a színen. A növények és a tiszta levegő kapcsolatáról sok szó esett korábban, s a játék érzelmi oldalról erősíti a nagyokban ezt a tudást. A kicsik számára ez új ismeret, melynek rögzítését segíti a játékélmény.

4. Favágók

Favágók érkeznek, akik kivágják a fákat. A füstös levegő kiszabadul, s újra elborítja a környéket.

A favágó szerepében én döntögetem ki a fákat – egy szintén gyakran játszott bizalomjáték („Felborogatós") alkalmazásával. A megérintett gyerek háttal a karomba dől, majd lefektetem a szőnyegre. A füstpamacsok kiszabadulnak, és újra elfogják a kék kendős gyerekeket.

5. Városi tanács

A polgármester összehívja tanácskozni az embereket – mit lehetne tenni a levegőszennyezés megállításáért? Nehezítés: egy városi polgárként megkérdezem, hogy ha nem vágjuk ki a fákat, miből lesz új papír? (újrahasznosítás). Ha kevesebb autó jár, hogyan közlekednek az emberek? (Kerékpár, tömegközlekedés.)

A tanácskozós játékok szintén jól ismertek a nagyok körében. Ilyenkor az ő ötletelésük alapján keressük a megoldást valamilyen kérdésre. A játék korábbi eseményei magukban rejtik a választ (csökkenteni a füstkibocsátást; megóvni és újratelepíteni az erdőket), így a kicsik részt tudnak venni a játékban.

6. Faültetés Elültetem a facsemetéket, meg- locsolom, és azok lombosodni kezdenek.	Mozgásutánzó játék. Minden gyerek facsemete lesz, akik az instrukcióim alapján „felcseperednek".
7. A játék vége Újra tiszta a levegő a városban, kiránduló gyerekek az erdőben. (Gryllus: „Hallgatag erdő" elé- neklése).	A dalt felelgetős formában szok- tuk eljátszani, s ehhez kérek egy önként jelentkezőt a szólót éneklő kiránduló szerepére. A pozitív végkifejletet a dal ér- zelmi hatásával is megerősítem.

Költözőmadarak

Előzmény:

1. Móra Ferenc: A cinege cipője
A vers kapcsán ejtettünk már szót a költözőmadarakról, de az információk nem összefüggésükben érték a gyerekeket, hanem egy-egy mondatnyi magyarázatként, ahogy az aktuális téma, a felmerülő kérdések indokolttá tették.

2. A „Mit látsz, pilóta" c. játék
Kis repülővel köröz valaki az óriási képes atlasz valamelyik kontinense fölött, és közben kiszemel egy ábrát (sivatag, vulkán, őserdő, különböző állatok, halászhajók, arató kombájn, legelésző juhok, fakitermelés stb.). A többiek megkérdezik: „Mit látsz, pilóta?", majd megkeresik a megnevezett ábrát. Aki elsőként találja meg, az a következő pilóta.
A játéknak köszönhetően szereztek némi alapismeretet a kontinensekről.

Narráció	Megvalósítás	Megjegyzés
1. Átváltozás Van kedvetek megnézni, hova repülnek a költözőmadarak? Menjünk el velük, nézzük meg! Milyen madárrá változzunk? Mindenki átváltozott? Én már igen: nézzétek, milyen szép csőröm lett!	Az átváltozás úgy történik, hogy lassan forgunk, és közben sorra vesszük magunkon a madár jellemző jegyeit: van csőrünk, szárnyunk, tollunk, vékony lett a lábunk. Az első madárjegyet én mondom, a többire rákérdezek, hogy milyen madáralkatrésszel gyarapodtunk.	A vers tartalma előremutat, nincs szükség egyéb játékindító magyarázatra. A mesés kezdet valószínűleg a terem többi részéből is odacsalja a gyerekeket. Az ismeretek rendezésének olyan öszszetett módja ez, amikor nem csak felsorolják a madár „alkatrészeit", hanem önkéntelenül össze is hasonlítják saját testfelépítésükkel.
2. Fióka-tanácskozás Fiókaként vacogva teszem fel a következő kérdéseket: Miért lett ilyen hideg? Mit csináljunk, hogy ne fagyjunk meg? Miért kell elköltöznünk? Mi történne, ha itt maradnánk? Hova menjünk a tél elől? Miért oda? Hogyan utazunk? Tudjuk az utat? A végén javaslom, hogy menjünk el a Tudós Madárhoz, kérjük meg, legyen a vezetőnk.	Elővesszük a nagy térképet, megnézzük, merre van a melegebb vidék. (Nagy, képes atlaszunk van, amit sokat forgatunk, így felismerik rajta a sivatagos, esőerdős melegövi tájakat).	A „tanácskozásból" kiderül, milyen ismeretanyaggal rendelkeznek a gyerekek a témáról. Téves ismereteket nem javítok ezen a szinten, hiszen a szerepem (fióka) szerint nem tudhatok többet náluk. Vitát provokálok, amikor javíthatják egymás helytelen állítását.

3. Fióka-próba A Tudós madár szerepében: „Szívesen elvezetlek benneteket Afrikába, de tudnom kell, hogy eléggé erősek vagytok-e a hosszú útra. Ha kiálljátok a fióka-próbát, leszek a vezetőtök	Karerősítő tornagyakorlatok zenére	Megtapasztalják, milyen fáradságos lehet a hosszú szárnymozgatás a madaraknak, amikor pihenő nélkül folyamatosan kell repülniük.
4. Európa madártávlatból „Hűvösödik az idő, indulnunk kell, nehogy itt érjen minket a tél! Útközben figyelnünk kell egymásra, hogy segíthessünk annak, aki lemaradt vagy elfáradt. Közben nézelődjetek, mert sok szép tájat fogunk látni!"	A „Mit látsz pilóta?" távoli adaptációja ez a játék. A Tudós Madár időnként megállítja a menetet és felteszi a kérdést a csapat tagjainak (Még Európában vagyunk): „Mit látsz, kismadár?". A nagyobbak körül is írhatják a tájakat.	Felidézik, milyen képeket láttak az atlaszunkban Európa térképén. Intenzíven próbára teszi a fantáziát ez a képzeletjáték. Az eddigiektől eltérően összességében kell látniuk dolgokat, gyűjtőfogalmakban kell gondolkodniuk. Várost látunk és erdőt, nem pedig házat és fát. Mindezt egészen különös szemszögből képzelik el, ha madárszemmel nézelődnek.

5. Madáretető „Szálljunk le, ideje, hogy megpihenjünk, és együnk valamit!" Kérdések: Hol találunk ennivalót? Hogy kerül eleség a madáretetőbe?" Melyik madárnak mi a kedvenc tápláléka?	Egy-két tányéron tisztított dióbél jelzi a madáretetőt. Körbeüljük, elcsipegetjük az ennivalót, s közben beszélgetünk.	Felidézzük a tavalyi élményeinket a madáretetésről, amikor rendszeresen gondoskodtunk az itt telelő madarakról.
6. Vihar „Fúj a szél, villámlik, esik az eső! Kitört a vihar! Mit tegyünk?"	Összebújunk. A kicsiket a kör közepére fogva védjük.	A kiszolgáltatottságot élik meg, amikor menedék nélkül kell szembenézniük a viharral. Eddig talán sosem gondoltak arra, mi történik a madarakkal ilyenkor. Most sem megoldási javaslatokat várok, csupán szembesülnek a helyzettel. A kisebbek védelmével a nagyok, az erősek irántuk való felelősségét hangsúlyozzuk.
7. Az óceán felett A Tudós Madár elfáradt, nem tud tovább repülni. Belezuhan az óceánba, ha nem történik valami.	Eljátszom a vergődő, bajba jutott madarat.	Problémahelyzet: hogyan segíthetnek a társunkon – egyáltalán akarnak-e segíteni? Az összetartozást, az együttműködést mozgósítja a feladat: csak közös erővel tudják a fenntartani a nagyobb madarat.

8. Afrika madár-távlatból „Nézzetek csak le...! Ez már Afrika? Biztos? Mit láttok?"	Míg keringünk, sorra bekiabálják a képes atlaszból szerzett ismereteket.	A pilótás játék adaptációjával most Afrika jellemzőit idézik fel.
9. Fészekrakás „Megérkeztünk. Én most elbúcsúzom tőletek, találkozunk tavasszal Magyarországon. Rakjatok fészket és érezzétek jól magatokat itt, Afrikában!"	A sátorépítős játékunkkal most fészket építenek. A terem minden tárgyát felhasználhatják építményeikhez.	A madarak célhoz értek, a történetnek valójában vége. A fészekrakással a játékba vezetem vissza őket. Még szerepben építenek, de ez már egészen másfajta játék.

A játék legizgalmasabb pontja számomra mindig az volt, hogy mit tesznek a gyerekek, amikor a Tudós madár (a gyerekek elnevezésében az „öreg madár") elfárad az óceán fölött. Rendszerint az általam elképzelt forgatókönyvet hozták, de volt, amikor levittek egy szigetre pihenni.

Egy alkalommal azonban leblokkoltak a gyerekek, amikor siránkozni kezdem, hogy nem tudok továbbrepülni. Nézték döbbenten, ahogy vergődöm, de nem tettek semmit. Mivel a végtelenségig nem maradhattam a levegőben (ha már így végelgyengültem), kénytelen voltam belezuhanni az óceánba. Még adtam esélyt a megmentésemre hosszú zuhanást produkálva, de mert ez nem következett be, összerogytam a szőnyegen. A gyerekek körbeálltak, megböködtek, megmozgattak, megemelték (az ernyedten leeső) karomat, de volt, aki megállapította, hogy „ez megdöglött".

Vártam, hogy mit tesznek, miután meggyászolnak: folytatják az utat Afrikába nélkülem, vagy befejezettnek tekintik a játékot?

Végül egy kisfiú mentette meg a foglalkozást. Örömmel felkiáltott: „De jó! Nem fulladt meg! Pont egy hajóra esett!" Ha már így megmenekültem, kezdtem életjeleket mutatni, a gyerekek pedig mindjárt felélénkültek és ápolni kezdtek. Kis pihenés után folytathattuk is az utat.

Március 15.

Feladat: Márc. 15. főbb motívumainak ismertetése, meglévő ismeretek rendezése, érzelmi közelítés.

Előzmény: Kokárda- és koszorúkészítés, csákóhajtogatás, zászlófestés, várépítés és ostromjáték, meseszövés.

Eszköz: A gyermekek által a héten készített eszközök, apró zászlók a várhoz.

A foglakozás menete, szervezés	Megjegyzések, reflexió
Motiváció: Kérdésfelvetés Milyen ünnepre készülünk? Mit tudnak róla? Ki szeretne velem visszautazni 1848-ba?	A heti tevékenységek folytán már elég ismeretet gyűjtöttek a gyerekek ahhoz, hogy velük fogalmaztassam meg a nemzeti ünnep lényegét.
Időutazás Lassú forgás közben kommentálom, hol tartunk az időben. (Most születtetek meg, most születtek a szüleitek, most kisbaba a nagymamátok, most találták fel az autót stb.)	A mesés fordulattal a szerepbe lépést segítem elő. Az idő különböző állomásainak kommentárjával érzékeltetem, hogy a jelzett esemény milyen régen történt.

Forradalmi gyűlés

A szónok szerepében megkérdezem, akarják-e hogy az osztrák császár uralkodjon felettünk. Miért nem?
– Szabadok akarunk lenni.
– Magyaroknak magyar király kell.
– Az újságok megírhassák az igazat.
– Menjen haza a német katonaság, legyen magyar katonaság.
– A magyar katonáknak ne kelljen külföldön harcolni.
– Engedjék ki a börtönökből azokat, akiket a király bezáratott.

Események
A Múzeumnál

A gyűlés után javaslom, hogy menjünk át a Múzeumhoz, mert ott is gyülekeznek az emberek. (Vonulás énekszóra)
A forradalmi tömeg átvonul a Nemzeti Múzeumhoz, ahol Petőfi Sándor elszavalja a Nemzeti dal 1-2 versszakát. Egy szék jelképezi a múzeum lépcsőjét. Megérkezéskor „észreveszem", hogy Petőfi most megy fel a lépcsőn, biztosan szavalni fog. (Petőfi szerepében egy önként jelentkező gyermek elmondja a két ismert versszakot, a refrént együtt mondjuk)

A meglévő ismeretekre támaszkodva összeszedjük a nemzeti követelések azon részét, amiket ők is meg tudnak érteni, s amivel ezáltal azonosulni tudnak. Ha szükséges, kérdésekkel segítem a felidézést, esetleg rávezető információkkal idézem fel, amit a témával kapcsolatban már említettünk a hét folyamán.

A beszélgetős részt mozgásos szakasz váltja fel, amely elengedhetetlen a figyelem fenntartása érdekében. A képzelőerőt is intenzívebben stimulálja az események tényleges eljátszása.
A tanult dalok, versek más értelmet kapnak, ha beillesztjük őket az eseményekbe, s a későbbiekben nagyobb érzelmi tartalom társul hozzájuk, ha a felidézésnél a játék élménye is felszínre kerül.

A börtönök megnyitása

A vers után javaslom, hogy szabadítsuk ki azokat, akiket azért zártak börtönbe, mert megírták az újságban, hogy nem akarunk külföldi királyt. Vonulás megint énekszóra. Kinyitunk egy képzeletbeli börtönajtót, és kiengedjük az igazságtalanul fogvatartott rabokat.

A különböző helyszíneket, az ezek közötti távolságot az énekes vonulással szimbolizálom – ha nagy a távolság, az asztalok között is kacskaringózunk egyet.

Toborzás

„Most már sokan vagyunk, tudunk harcolni a szabadságért" – mondja a szónok, majd a Kossuth-nótára felveszik a csákókat, kiosztom a kicsiknek a zászlókat, fogják a koszorúkat, nagy papírkokárdáikat.

„Kossuth Lajos azt üzente" – beállunk Kossuth seregébe.

„Megy az úton a katona" – felvonul a kiscsoportosok serege.

„Menetel az ezred" – nagycsoportos zászlóalj vonulása.

A katonák mindenhova elviszik a szabadságot: A győzelmet szimbolizálva kitűzzük az nemzeti zászlókat, koszorúkat, kokárdákat a terem minden pontjára.

A heti tevékenységek most válnak egységgé, hiszen játék közben felidéződik ill. felhasználásra kerül minden tanult vers, dal, a kokárdák, csákók, zászlók, koszorúk.

Időutazás

Visszatérünk a jelenbe

A visszautazással jelzem a játék végét, elősegítem a szerepből való kilépést.

Levezető játék

– Várépítés, várostrom
(Pici, nemzeti színű zászlókkal feldíszített vár, körülötte ellenséges katonák, papírgalacsinnal működő parittyák.)
– Márc. 15-i színezők

A levezető játékkal lehetővé teszem, hogy már szerepen kívül, de a témához továbbra is kapcsolódva tovább szőjék gondolataikat.

A kecskegidák és a farkas

Bizalom és rossz szándék

Régen a mesék világában nevelkedő gyerekek számára egyértelmű volt, hogy a világon van jó és van rossz. A népmesék sarkított jellemei világosan képviselték a két ellenpólust. A televízió negatív hatása miatt azonban a mai gyermeknek nehezebb eligazodni a világban, hiszen a „jó" épp oly agresszív, mint a gonosz (Tom és Jerry egere), míg a rossz gyakran veszi magára a jó álarcát, vagy egyenesen ő a főhős.

Kedvenc animációs figuráik, akcióhőseik durva, következmény nélküli magatartása követendő példaként áll előttük, s egyben mentesíti őket a legalapvetőbb óvatosság alól is.

A foglalkozással nem a bizalmatlanságot kívánom felébreszteni a gyermekekben, hanem rávezetni őket arra, hogy ismerjék fel a rossz szándékot és az őszinteséget.

A foglalkozás nevelési célkitűzése az

– életre nevelés

– együttműködés egy problémahelyzet megoldásában

– a felmerülő konfliktusok kezelése, egyezségre jutás a vitában, döntéshozatal.

A terem egyik végében szorosan körbehelyezett székek alkotják a gidák házát. Egy jelzéssel ellátott szék az ajtó, ennek elmozdításával lehet ki- és bejutni a házba. Középen, egy széken egy vonalas telefon és egy pénztárca.

A terem másik végében egy tornapaddal lehatárolt terület a farkas háza, a sarokban ferdén egy paraván.

A meseszituáció:

A gidák egyedül maradnak otthon, s a farkas – aki bármivé át tud változni – a kecskemama képében próbál bejutni a házba.

A farkast és a kecskemamát én alakítom – a vállkendő a kecskemamát jelzi, a később előkerülő szürke műszőrme a farkast. A gyerekekkel játék előtt megbeszélem, hogy a vállkendőben kecskemama vagyok, ha azt leteszem, visszaváltozom óvónénivé. A farkast nem említem; játék közben maguktól is felismerik a műszőrméről.

Nagygida-szerepben egy felnőtt segítő is a gyerekek között van, aki szükség esetén vitára inspirál, oldja a feszültséget, kézben tartja a helyzetet a távollétemben. Ha a gyerekek elég önállóak, minimális szerepe lesz a foglalkozás során.

Cselekmény	Megjegyzés
A problémahelyzet ismertetése Kendőben: *„Gidácskáim, el kell mennem a városba vásárolni. Nagyon aggódom, mert ideköltözött a környékre egy gonosz farkas. Emlékeztek, hogy járt túl egyszer egy farkas a szomszéd gidák eszén?"* A mese felidézése: fehérre festette a lábát, elváltoztatta a hangját. *„Ez a farkas sokkal veszélyesebb, mert bármivé át tud változni – ha akar, ugyanolyan kecskemama lesz, mint én vagyok. Szerencsére nem túl okos a farkas, ezért ha elég cselesen kérdezitek ki, biztosan elárulja magát."* Kecskemama, mielőtt elmegy, megígéri, hogy gyakran hazatelefonál. A gidák, amikor egyedül maradnak, bezárják az ajtót.	A vállkendő a játék folyamán nem csak a kecskemamát jelzi, hanem az átváltozott farkast is. Ezt azonban még nem hozom a gyerekek tudtára, ahogy azt sem, hogy a későbbiekben előkerül egy szürke műszőrme is, ami a farkas eredeti alakját jelzi. A játék során részletekben adagolom a szükséges információkat, amelyekkel a feszültséget szabályozom vagy a megoldást segítem. *(Az egyik csoportom titkos jelszót javasolt, hogy felismerjék a kecskemamát, de a játék érdekében a farkas „kihallgatta", mi volt az, így mégis a kérdésekkel kellett kinyomozni a személyazonosságot.)*

Kecskemama visszajön

Itthon hagyta a pénztárcáját, kéri, hogy nyissák ki az ajtót. A gyerekek számára nem egyértelmű, hogy valóban az anyjuk áll az ajtóban, vagy már a farkas. A beugratós kérdésekben – egy mintaadással – segíthet a Nagygida. Pl. milyen ennivalókat fog venni a városban – pecsenyét vagy káposztát? Milyen a pénztárca, amit kér a kecskemama? Ha meggyőződtek a kecskemama valódiságáról, kiadják a pénztárcát. Kecskemama elmegy.

Farkas (vállkendőben, kecskehangon):

„Gidák! Azonnal nyissátok ki az ajtót! Itthon hagytam a kosarat!"

A gyerekek valószínűleg a stílusból rájönnek, hogy ez nem a kecskemama, de Nagygida megpróbálja elbizonytalanítani őket.

„De hisz' olyan a hangja, mint a mamának! Itt van a kosár, mégis ő lesz az...!"

Feltehetik az előző kérdéseket is, hogy bizonyosságra jussanak (aki most az ajtó előtt van, pecsenyét hozna ebédre).

Nem engedik be.

A Farkas a végén dúlva-fúlva távozik, de előtte farkashangon megjegyzi: *„Legközelebb olyan kedves leszek, mint a mamátok! Akkor nem fogtok felismerni!"*

Ha végig látható vagyok, nehéz lenne megteremteni a szerepcsere illúzióját, ezért bizonytalanságot teremtek azzal, hogy minden jelenésem után a paraván mögé megyek, ahonnan akár farkasként is előjöhetek. De hogy megtörtént-e a szerepcsere, nekik kell kideríteni.

A Nagygida csak a végső esetben szólaljon meg!

A követelőző, türelmetlen bejelentkezés annyira eltér a kecskemama stílusától, hogy a gyerekek ebből beazonosítják a farkast. A Nagygida megjegyzései arra kellenek, hogy a gyerekek megfogalmazzák, mit árult el nekik a stílus, a hangnem.

Kecskemama telefonál (mobiltelefonról, a paraván előtt). Kérdezi, minden rendben van-e, megdicséri őket, amiért elővigyázatosak voltak.

Kéri a gidákat, hogy szedjék be a kiteregetett ruhákat, mert beborult az ég, eső várható. Nézzenek ki az ablakon, nincs-e közelben a farkas, hallgatózzanak, van-e gyanús zaj, de nagyon fontos lenne bevinni a ruhákat. Kimennek vagy nem?

Az aggódás, az óvatosságra intés azt jelzi, hogy az igazi kecskemama beszél, de lehet szó csapdáról is.

A helyzet már komolyabb, mert eddig a ház menedékéből beszéltek, de ha ez csapda, akkor szembe találhatják magukat a farkassal.

A cselekményt nem befolyásolja, ha úgy döntenek, nem mennek ki, a fontos a megvitatás és döntéshozatal.

Farkas telefonál

Kedvesen, türelmesen beszél:
„Én vagyok az, kecskemama! Láttam itt a városban a farkast, így biztonságban vagytok. Nyugodtan menjetek ki játszani!"
Ha az agitálásomra kimennek, elkapok néhány gidát. Ha a bent maradás mellett döntenek, új praktikákkal próbálkozom.

A farkas, tanulva az előző kudarcából, itt már teljesen „kecskemamás" stílust vesz fel.

A Nagygida itt nem adhat tanácsot, mert ha a cselekményt segítve a kimenésre biztat, cserbenhagyja a gyerekeket, akik eddig bíztak benne.

A gyerekeknek most maguknak kell eldönteni, próbára teszik-e a farkast, vagy hisznek neki.

A farkas praktikái (ha nem jönnek ki a gidák):
1. Kecskemama képében előjön farkas, és kedvesen kéri, hogy engedjék be.
2. Ha így sem nyitnak ajtót, látványosan lecserélem a vállkendőt farkasbundára, és alkut ajánlok: ha kiadnak egy gidát, másnak nem esik bántódása, de ha be kell törnöm, mindenkit felfalok.
3. A farkas erőszakkal nyitja ki az ajtót, és elvisz két gidát. A farkas a házába viszi a zsákmányát.

Hanggal, hangsúllyal adok némi jelet, hogy valami nincs rendjén.

Az alkunál nagyon fontos a Nagygida szerepe, mert meg kell akadályoznia, hogy úgy döntsenek, hogy mégis kiadnak valakit.

A feszültség itt már nagyon magas, de ha a gyerekek még elviselik a több izgalmat, a farkas hosszasan vadászik a gidákra, ha beront a házba.

Kecskemama telefonál

A gidák elmondják, mi történt. Kecskemama arra kéri őket, induljanak a testvéreik megmentésére. Ő is megy, de nagyon messze van a farkas házától, és nem biztos, hogy odaérne időben. Elmondja, hogy sok mindent megtudott a farkasról. Könnyű becsapni, mert csak a mozgó dolgokra figyel fel, ami mozdulatlan, azt szobornak hiszi. De jó a füle, ezért csendben kell odalopakodni a házához. Van a házában egy varázspálca, amit meg kellene szerezniük. Ha ezzel megérintik a farkast, felszívódik, mint a pára.

„Boszorkányos" játék farkasra komponálva

(Játékleírás az Érzelmi nevelés / Feszültség címszó alatt.)

A farkas (ismét műszőrmében) háttal áll, mellette a földön a varázspálca. Ha szembefordul, a gyerekek mozdulatlanná válnak. Aki megmozdul, a farkas beteszi a többi fogoly közé.

A cél a varázspálca megszerzése és a farkas megérintése.

A pálca érintésétől a farkas először megdermed, elmondja a monológját arról, hogy túljártak az eszén, majd mérgelődve „felszívódik".

Miután ez megtörténik, a gidák kiszabadítják a testvéreiket. Közben megékezik a kecskemama is, és nagy örömünnepet csapnak tánccal, ugrabugrálással.

Mielőtt kecskemama telefonálna, a paraván takarása nélkül, látványosan leteszem a „farkasbőrt" és felveszem a vállkendőt. Ezzel egyértelművé teszem, hogy már nem kell ámítástól tartaniuk. A farkas elérte a célját – szerzett magának gidákat –, már nem jön vissza.

Ha így sem éreznek elég bátorságot a mentőakcióhoz, a Nagygida jár elöl jó példával.

A játékot, amivel megmentik a testvéreiket, jól ismerik („Boszorkányos"), rá fognak ismerni a körülírásból, ezért nem kell több instrukció.

A feszültség a tetőfokára emelkedik. Nem csak a házat kell elhagyniuk, hanem el kell menniük a farkashoz!

A boszorkányos játék változatának most még a szokottnál is nagyobb a feszültségtartalma, hiszen a célba jutáson múlik a saját és az elfogott testvéreik élete is. Ha valaki nagyon fél, a Nagygida visszaküldi a házba azzal, hogy *„Legyen valaki a telefon mellett, ha hívna a kecskemama".*

A farkas eltűnését a műszőrme megpörgetésével és elrepítésével jelzem.

Üzenetküldés (*„Azt üzenem a..."*)
Kis idő múlva kivonom magam az ünneplésből, és látványos, lassú mozdulattal leteszem a vállkendőt – óvónéni lettem. Azt javaslom, hogy menjünk be a gidaházba, „ami már vissza is változott óvodává", és pihenjük ki a nagy izgalmakat. Ha oda belépnek, ők is visszaváltoznak gidából gyerekké.
Itt mindenki megfogalmazza az üzenetét. Választhatnak, hogy melyik szereplőnek üzennek – a gidáknak, a farkasnak vagy a kecskemamának.

Itt már kendő és szőrme nélkül, óvónőként vagyok jelen.
A játék a legmagasabb izgalmi szinten ér véget. Az ünnepléssel már megkezdődik a feszültség oldása, de szükség van az érzéseik kibeszélésére is.

Az üzenetküldő játékból már kívülállóként tekintenek a történetre és a szereplőkre, ami lehetőséget ad arra, hogy más nézőpontból is áttekinthessék az eseményeket, távolítsák a mese kiváltott intenzív érzéseket, elmondhassák a gondolataikat.

A foglalkozás katartikus hatását mutatja, hogy az egyik csoportomban a varázspálcát megszerző kislányt hónapokkal később is hősként tartották számon a társai.

Amikor idegen csoportban tartottam meg a foglalkozást, egész évben azzal futottak hozzám a gyerekek, ha találkoztunk, hogy játsszunk megint kecskegidásat. Volt rá példa, hogy egy 3–4 éve iskolába járó gyerekkel találkoztam, aki az üdvözlés után azt kérdezte, hogy emlékszem-e arra, hogy kecskegidásat játszottunk.

Az elveszett kisnyulak

Problémamegoldó gondolkodás

Eszköz és előkészítés:
– A terem egy pontján elhelyezek öt széket – az utolsó játék kellékeit. Minden szék le van takarva egy földig érő terítővel, a támlának támasztva nagy, kivágott házak képei. A székek előtt, a földön a lap 9 fával. A „falut" egy kötéllel bekerítem.
– Egy kosárban ötször annyi fagolyó, mint az aznapi létszám (a pedagógussal együtt).
– Lábnyomok 16 kicsi kártyán (két nyúl = 8 lábnyom, két madár = 4, egy róka = 4).
– A terem különböző pontjaira felragasztva facsoportok képei (5, 7, 10 fa szétszórt elrendezésben); a 9 fát ábrázoló kép a „faluban" van.
Fejlett csoportban lehet több facsoportot kiragasztani (2-10-ig).
– Egy borítékban egy kép, amin öt fa van sorban, egymás mellett.
– Hat képkártyán nyúl, madár, egér, pillangó, róka, medve.

A mese	Tevékenység, feladat, megjegyzés
A történet indítása Nyúl Vendel birtokán összegyűlt a család születésnapot ünnepelni. Még nem érkezett meg minden vendég, ezért a várakozás idejében a felnőtt nyulak a teraszon káposztalét iszogattak, a nyúlgyerekek a hatalmas parkban bújócskát játszottak. Amikor összegyűlt mindenki, elkezdődhetett az ünnepség, a házigazda asztalhoz hívta a vendégeit.	A felvezetést Nyúl Vendelként adom elő egyes szám első személyben. „Úgy örülök, hogy ilyen sokan eljöttetek! Tessék, egy kis káposztalé! Milyen jót bújócskáznak a gyerekek" stb. Végül közlöm, hogy mindenki megérkezett, üljünk asztalhoz. Leülünk körben a szőnyegre.

Ketten hiányoznak	Számlálás, több-kevesebb
Nyúl Vendel megállapítja, hogy két hely üresen maradt. – Ellenőrzik a létszámot. – Hány hely van az asztalnál, ha ennyien vagyunk, és maradt kettő? Nyúl Vendel megállapítja, hogy nem tett ki több széket a kelleténél, hanem két nyúlgyerek nincs meg.	1-gyel indít az első gyerek, és sorban mindenki mondja a számát. A nyúlsereg létszáma az aktuális csoportlétszám. Problémahelyzet! *A feladatot nem fogalmazom meg konkrétabban, a gyerekeknek kell értelmezni – matematikai nyelvre lefordítani. Vagyis: jelen vagyunk pl. 19-en. (A létszámba én is beletartozom.) Két hely üres, azaz ennyivel több a hely, mint a nyulak. Hány hely van?*
Mentőcsapatok Elindulnak megkeresni a két nyúlgyereket. Ehhez hatfős mentőcsoportokat kell alkotniuk. A csapatok együtt maradnak és felkutatják a termet – a „faluba" nem mehetnek be! A keresés eredménytelen.	A csapatok létszámát az aktuális létszám szerint határozom meg, így a példánknál maradva egy gyerek marad csapaton kívül. A végén őt is beosztom az egyik csapatba. A meghatározott létszámú csoportok kialakítása nem olyan könnyű! Folyamatosan számlálják, hányan vannak, megállapítják, mennyi gyerek kell még, és mit tegyenek, ha többen vannak. Itt már megjelennek a vezéregyéniségek, akik egy-egy feladatot végigvezényelnek. Ezek a szerepkörök valószínűleg többször változnak a többi feladatnál.

Uzsonna

Elfáradunk, Nyúl Vendel pihenőt javasol. Letelepszünk egy fa alá, ahol sok finom bogyót találunk.
Megosztozunk rajta. Hogyan osszuk el, hogy mindenkinek ugyanannyi jusson?

A bogyók lehetnek nagyobb szemű gyöngyök, fagolyók – bármi gömbölyű dolog, ami a rendelkezésünkre áll a játékok között. Kiborítom a szőnyegre. Az eleség áttekinthetetlenül sok, mert minden nyúlra ötöt készítettem. Az elosztás módját a gyerekekre bízom. Az ellenőrzésnél mindenki megmondja, hány bogyója van, és egyeztetünk. Ha hibás volt az elosztás, elölről kezdjük új módszer alapján. (Lehetséges megoldások: 1. mindenki kivesz magának, amennyit gondol, majd ellenőriznek. 2. mindenki kettőt vegyen ki első körben, aztán egyesével, amíg vannak golyók. 3. Egyvalaki osztogatja egyesével, amíg el nem fogy.

Lábnyomok

(2 nyúl=8, 2 madár=4, 1 róka=4)
Barlangot látok, odamegyünk. A barlang előtt 16 lábnyom.
Hány állat járt itt? Mennyi nyúl volt? Mennyi más állat járt itt? Kik lehettek?
Nyúl Vendel megállapítja, hogy ha két nyúl volt itt, valószínűleg a mi nyulaink lehettek!

A 16 lábnyomot szétszórom a földön.
Feladatok:
– Milyen nyomok lehetnek? (A madárét felismerik, a rókáét nagyobbra rajzolom.) A helyes tippekre Nyúl Vendel rábólint, ha nem találják el, megállapítja, hogy van nyúl- és rókalábnyom is. Melyik lábnyom melyik állathoz tartozik? (A nagyobb a rókáé.)
– Hány állat járt itt?
A részfeladatok, amire önállóan kell rájönniük a megoldáshoz: 1. Csoportosítsák fajták szerint a nyomokat! 2. Mennyi volt itt az egyes állatfajtákból? (Ehhez figyelembe kell venni az állat/láb szorzót.) 3. Mennyi állat volt itt összesen?

Barlang

A barlang nagyon szűk, csak a legkisebb nyúlgyerek fér be. Vendel kéri a mentőcsapatok legkisebb tagjait, majd a teljes csoport legkisebbjét, akit beküld a barlangba.

A behatoló egy levelet talál a barlang végénben (amit akkor helyezek oda, amikor „felépül" a barlang.)
A levében csak egy öt fát ábrázoló kép van (sorban álló fák). Mit jelenthet?
Elmegyünk az öt fából álló facsoport képéhez.

Ismét felállnak a mentőcsapatok, összeméredzkednek. A három legkisebbet is összemérik.

A barlang: arccal egy irányba, szorosan egymás mellett négykézlábra állítom a gyerekeket, az így keletkezett alagúton kell végigmászni a jelöltnek. (Ha túl nagy a legkisebb nyúl is, tenyéren és talpon támaszkodjon a barlangunk.)

A teremben elhelyezett facsoportok képeit már biztosan észrevették, most csak összefüggésbe kell hozniuk a levéllel. Nehezítés, hogy a fák a falon lévő képeken csoportban, a levélben sorban állnak.

Fakeresés

– Az **öt** fához odaérkező nyúlcsapatot sün szerepében köszöntöm. El*mondom*, hogy láttam két nyulat, akik elmentek a 10 fa irányába.
– A **tíz** fánál egy hernyó integet, mutogat, jelzi, hogy nem tud beszélni. Bólint, hogy látta a nyuszikat, és egy papírra a 7-es számot írja.
– A **hét** fánál harkály várja őket, aki kérdésükre lekopogja (mert a számokat nem ismeri), hogy 9 fát kell keresniük. (Ezt már a faluban találják meg.)

Az útmutatást rajzban, írott számjegyben, verbálisan és akusztikusan kapják, ez alapján kell megtalálni a megfelelő számú facsoport képét.
Fejlett csoportnál tehetünk ki több facsoportot is, amelyeknek szerepük nincs, csak nehezítik az újabb hely megkeresését.)
Ki kell találniuk, hogy a hernyó nem tud beszélni. Fejlett csoportunk esetében a hernyó nem is hall, így a kérdéseket is mutogatással kell feltenniük. (Ha egy csoport sokszor játszott „Mutogatóst", meg tudják oldani.)

A faluban

Szarkaként köszöntöm őket. Elmondom, hogy ide hozott a róka két nyuszit, de nem tudom, melyik a róka háza. Viszont tudok pár dolgot a lakókról, az alapján kitalálhatják, ki hol lakik:

1. A medve házának nincs kéménye.
2. Az egér előtt a madár lakik.
3. A pillangó házának bal oldalon van a kéménye.
4. A nyúl házán két ablak van.
5. A róka háza a madár és a pillangó között van.

Megtalálják a nyuszikat.

Amikor odaér a csapat, elveszem a falut bekerítő kötelet. A házak elhelyezése: négy elöl, kettő hátul (a 2. é 4. ház mögött). A 2., 3., és a 2. mögötti ház egyforma: egy ablak, kémény a bal oldalon. Eltérések: 1. ház – két ablak; 4. ház – baloldali kémény; 4. ház mögött – nincs kémény.

Képeket teszek ki a falu lakóiról. Az instrukciókat egyenként, nagyon lassan mondom. Minden elhangzott mondattal be tudnak azonosítani legalább egy lakót – azok képét odateszik a megfelelő házra.

Ha megvan a róka háza, benézhetnek a letakart szék alá – ott van két plüssnyuszi.

(Ábra a „Gondolkodás" c. résznél!)

Vigadalom

Nyúl Vendel hazahívja a társaságot, hogy megtartsák a szülinapi bulit.

Bekapcsolok a CD-lejátszón egy nagyon vidám zenét, amire szabadon ugrabugrálhatnak, megtáncoltatva a két megtalált nyuszit is.

138

Karácsony

Cél:
- A karácsony hangulati előkészítése.
- A segíteni akarás, az ajándékozás öröme.

Feladat:
- A karácsonyhoz kapcsolódó pozitív érzelmek megfogalmazása, átélése szimbolikus térben.
- Az ünnephez fűződő ismeretek felelevenítése, rendezése (karácsonyi dallamok, ajándékozás, karácsonyfa-állítás, mézeskalács stb.).
- Képességfejlesztés: képzelet, problémamegoldó gondolkodás, együttműködés, kommunikáció- és vitakészség, kifejezőkészség.

<u>Felépítés</u>

1. Újsághír
Elmondom a gyerekeknek, hogy most olvastam az újságban IV. Haragos Kázmér királyról, aki örökké mérges, nem szeret senkit és semmit, nincsenek barátai, a családjával sem akar találkozni. Karácsonyt nem tart, mert a karácsony a szeretet ünnepe – ő pedig nem tud szeretni. Tudósok szerint kigyógyulna a haragosságból, ha egyetlenegyszer sikerülne valakinek meglágyítani a szívét, és egy pillanatra megérezné a szeretetet. Az emberek azonban félnek tőle, elkerülik még ilyenkor, karácsony táján is.

2. Haditerv
A gyerekek ötleteit kérem a következő kérdésekre:
- Tegyünk-e valamit haragos Kázmérért? Hogyan ismertethetnénk meg vele a szeretetet, örömet? (Ha kell, indirekt irányítással rávezetem őket arra a megoldásra, hogy rendezzünk neki karácsonyt, bár ez advent idején várhatóan spontán is felmerül bennük.)

– Mit vigyünk magunkkal, mi kell ahhoz, hogy karácsonyt varázsoljunk a palotába?

3. Előkészületek

A gyerekek elsorolják, mi kell az ünnephez, és el is játsszuk az előkészületeket.

– Mézeskalács-sütés.

Imitált cselekvéssel megsütjük a süteményt.

– Ajándék.

Mindenki elszalad, „megveszi" vagy „elkészíti" az ajándékát. Ha „meghozták", elmondják, mivel akarják meglepni a királyt.

Míg „becsomagolják, feldíszítik" a képzelt ajándékokat, megbeszéljük, hogy ez miért fontos.

– Karácsonyfadíszek és fenyőfa.

Honnan vannak a díszek? Milyen díszeket lehet otthon elkészíteni, mit lehet üzletben venni?

A megbeszélés után egy csapat elmegy fenyőfáért, a másik díszeket készít, a harmadik a vásárolható díszekért megy.

4. Úton

Szánra tesszük a fenyőfát, az ajándékokat és a süteményt. Felöltözünk – egyenként felvesszük a téli holmikat, amiket felsorolnak.

Karácsonyi dalokat éneklünk útközben.

Egy problémahelyzet

Nagyon elfáradtunk, és jócskán meg is éheztünk, de nem csomagoltunk magunknak útravalót, a város messze van már, vásárolni sem tudunk. Mit tegyünk?

Ha senkinek sem jut az eszébe, javaslom, hogy együk meg a mézeskalácsot. Ezt várhatóan többen ellenezni fogják, ezért vitára bocsátom a kérdést – megehetjük-e a királynak készített ajándéksütit?

5. A palotában

Még egy problémahelyzet

Hopp, otthon van a király! Így nem tudunk bemenni! Javaslatokat kérek, hogy mivel tudjuk kicsalogatni, és elküldeni otthonról egy kis időre. A javaslatokat megvitatjuk, és határoznak. Megbeszéljük a végrehajtást, és végrehajtják a cselt – a király elmegy.

(Ez a rész teljesen a gyerekek terve szerint alakul.)

Bekapcsolom a CD-lejátszót, és halk karácsonyi zene mellett feldíszítjük a karácsonyfát. Ehhez egy gyerekeket egy székre állítok (ő lesz a fa), és mindenki felteszi rá a saját képzelt díszét, megnevezve, hogy mi az. Odateszik a fa alá az ajándékokat is.

Mi kell még? – ablakdísz, gyertyák, csillagszóró, fényfüzér, asztal megterítése, feldíszítése, a mézeskalácsos tálca odahelyezése – mindent megcsinálunk, amit javasolnak.

6. A király reakciója

Jön a király!

Kiszaladunk a palotából, meglapulunk az ablak alatt. Az ablakon át meglessük, mit csinál bent a király.

Egy papírból készített díszes ablakkeretet előzetesen felteszek az (igazi) ajtó mellé a falra, elé egy széket helyezek (erre állnak, akik be akarnak kukucskálni). Az ablakkal és az elé helyezett egyetlen székkel biztosítom, hogy ne egyszerre mondják el, mi történik bent, csak az beszéljen, aki bekukucskált.

Mit csinál a király? Milyen az arca? Hogy fogadja az ajándékokat?

Minden gyerek elmondja, mit tapasztal odabenn.

7. Befejezés

Királyi hívás – Én is benézek az ablakon, és ijedten bukom le az ablak alá. Remegő hangon beszámolok a gyerekeknek, hogy meglátott a király, és intett, hogy be kell mennem.

Mit tegyek? Be merjek menni? (Bármit javasolnak, bemegyek.)

Megkérem a gyerekeket, hogy lapuljanak meg, nehogy őket is észrevegye, és lassan számoljanak tízig. Ha nem jövök ki időben, jöjjenek be értem, és mentsenek meg.

Reszketve kimegyek az ajtón a teremből, és ezzel egyidőben hirtelen elhallgat az eddig duruzsoló karácsonyi zene (kolléganői segítség).

Ajándék

A beállt csendben számolni kezdenek a gyerekek. Mielőtt kimondanák a tízet, kinyitom az ajtót és visszajövök. Az arcomon öröm, a kezemben egy tál szaloncukor: ezt küldi a király, hálából a meglepetésért.

Lezárás

Megeszik a szaloncukrot, majd visszamegyünk az óvodába. Leülünk a szőnyegre, és lezárásképp mindenki megfogalmazza a játékkal kapcsolatos érzéseit az „Az volt jó/rossz..." bevezető mondattal.

Körkirály

*Matematikai tartalmak a környezeti nevelésben a drámape-
dagógia eszközeivel*

A kör és a gömbforma
(Játéksorból összeállított mesejáték)

Feladat: olyan helyzetek teremtése, amelyekben a gyermekek
felidézik meglévő ismereteiket a kör és gömb jellemzőiről, lét-
rehozzák a formákat térben, síkban és gondolatban.

Történet: Körkirály fia elveszett. Sok akadályt, nehézséget
legyőzve hazavisszük őt Körországba.

Korcsoport: 4–5 évesek

A foglalkozás felépítése

Plakát A teremben elhelyezek egy pla- kátot, rajta egy fiú képe. Ami- kor „megtalálom", felolvasom a gyerekeknek. Az áll rajta, hogy Körkirály fia elveszett, és kér- nek mindenkit, segítsenek meg- találni őt. Én „ismerősnek" találom a ké- pet – mintha láttam volna itt az óvodában. Kérem a gyerekeket, hogy keressék meg.	Egy másik csoportból kérem köl- csön a kópés képű fiú rongy- babát, mert „idegennek" kell lennie, nem származhat a mi já- tékaink közül. Ezt a babát raj- zolom a plakátra, ami alapján a gyerekeknek meg kell keresni- ük a teremben a „királyfit" (akit előzetesen elrejtek a teremben). A királyfi keresése, előkerítése erős motiváció a játékban való részvételre.

Tanácskozás

A királyfit megtalálták, de most mit kezdjünk vele? Hogyan juttassuk haza? Hol van Körország? Miért ez a neve az országnak? Hogyan jutunk oda, ha nagyon messze van? Útközben vigyáznunk kell, mert Gömbherceg akarja hazavinni a királyfit, hogy ő kapja a jutalmat. Óvatosnak kell lennünk, nehogy elrabolja tőlünk.

Azzal, hogy a megoldást ők javasolják, jobban magukénak érzik a történetet, érdekeltté válnak benne.

A kérdésekkel felidéztetem az ismereteiket, és megteremtem azt a fantáziavilágot, amiben a későbbiekben mozogni fogunk.

Kör és gömbforma a közlekedési eszközökben

Hogy Gömbherceg ne tudja meg, hol van a királyfi, külön-külön kell utaznunk, gyakran át kell szállnunk, és minden átszállás után másvalaki viszi tovább a babát. „Utazás" = futás a térben, az ellenőrző pontnál (szobros játék) megállnak.

Körországba csak olyan járművek visznek, amelyeken vannak kerek formák.

Minden ellenőrző pontnál megkérdezek pár utast, hogy mivel utazik, és milyen körforma található a járművén.

A játékban most is él az az örökös szabály, hogy amit valaki más már mondott, azt nem ismételhetik. Ezzel elkerülöm, hogy mindenki a járműve kerekét mondja. Amíg gondolatban kutatnak a kör formájú részletek után, automatikusan is szelektálnak, gondolatban összehasonlítanak más formákkal.

A futást az „Ellenőrző hely!" bekiáltásával szakítom meg. A „Ellenőrzés" után átadják a királyfit egy másik gyereknek, és járművet váltanak.

Varázsdoboz

Ebédszünet van, zárva a határállomás. Várnunk kell, míg visszajönnek a katonák, és beengednek. Hogy ne unatkozzunk, játsszunk egyet! Előveszem a Varázsdobozt, amiben most egy száraz faágból levágott, 6–8 cm átmérőjű korong van.

Régi játékunk. A dobozban lévő tárgy egy varázsigére mindig „átváltozik" valamivé, amire a tárgy formájából asszociálnak. A tárgy funkcióját imitált mozgással mutatják be, ebből kell kitalálni, mit jelenít meg a korong. A korongból lehet szendvics, karóra, tükör, kormánykerék, csavaros zárókupak stb.

Kör, vagy gömb létrehozása a testünkkel

A varázsdoboz-játéknak azzal vetek véget, hogy nyomunkban vannak Gömbherceg katonái. Ahhoz, hogy a ne vegyenek észre minket, rejtőzködnünk kell haladás közben. Ha felbukkannak, valami kör vagy gömb formájú dologgá kell változnunk, hogy azt higgyék, a tájhoz tartozunk. Többen is összeállhatnak, ha nagyobb dolgot akarnak létrehozni. Ha elmentek a katonák, lopakodunk tovább a határ felé, míg vissza nem térnek. Akkor új „szobrot" alkotnak.

Séta a térben. Ha szólok, hogy „Katonák!", egyedül vagy csoportosan létrehozzák a kör- vagy gömbformákat. Lehet valaki bokor, egy elveszett labda, sün, többen alkothatnak kerítést, kör alakú épületet stb.

A feladat egyszerre dolgoztatja meg a képzeletet és a kreativitást (felkutatni gondolatban a tájba illő dolgokat, majd ezt létre is hozni eszköz nélkül, csak a testükkel). A társas szobrok együttműködést igényelnek – ötletekhez társak toborzása, ötlet elfogadása vagy lecserélése, a megvalósítás módjának variációi.

Belépőkártyák

Odaértünk a határhoz. Egy katona szerepében közlöm, hogy csak az léphet be az országba, aki jól kitölti a belépőkártyáját. Kártyákat és írószert veszek elő, amit ott helyben (padlóra kuporodva) „kitöltenek".

Aki elkészült, megmutatja a kártyáját a katonának, és átbújhat a kapun (egy álló tornakarikán).

A kártyán egy kör van – ezt kell rajzban kiegészíteni valami létező dologgá (lehet belőle arc, nap, alma, szemüveg stb.)

Minden jó, ha jó a vége

Körkirály fogadja a gyerekeket. Miután visszakapta elveszett gyermekét, megkínálja a megmentőket néhány finom (kerek) falattal. Míg eszegetnek, elbeszélget velük a kalandos útjukról. Hálából vissza is varázsol minket az óvodába, hogy ne kelljen újra utaznunk. Ehhez körbeállnak, becsukják a szemüket, én elmondok egy varázsigét, és már meg is érkeztünk.

A tálcán sárgarépa-, kiwi- és almakarikák vannak.

„Tanmese"

Rögtönzés

Ha a vízszennyezés veszélyeit akarjuk ismertetni a gyerekekkel, elmehetünk a Dunához, megnézzük, mennyi szemetet sodort a partra a víz, szörnyülködünk is fölötte, de lehet, hogy két nap múlva elfelejtik a magyarázatot, amit a látványhoz fűztünk. De ha ott, a parton rögtönzök egy kis mesét a halról, aki ennivalónak hitte és bekapta a vízbe hajított katicás hajgumit, mindjárt jobban belegondolnak a vízszennyezés veszélyébe. Mert a halnak később nagyon fáj a hasa, és nem tudja elmondani a társainak, hogy mi történt; egyébként sincs orvos közöttük, aki segítene rajta. Így most is ott úszkál valahol a vízben, és nagyon szenved szegény.

A mesét nyitva hagyom, nem viszem el a happy end-ig, mert így tovább dolgozik bennük a kérdés. Valószínűleg eszükbe jut a következő alkalommal, ha a szüleikkel sétálnak a Dunánál, és talán megáll a kezük a levegőben, ha a vízbe hajítanának egy pet-palackot.

A mesejáték még erősebben hatna az érzelmekre, mert abban a gyermek vagy az egyik barátja az a hal, akivel ez a szörnyűség történt, de a **jó helyen, jó időben rögtönzött** kis tanmese életközelibbé teszi a problémát.

Mese és játék

Az ismereteket beleszőhetjük egy teljesen igazi, kész mesébe is. Ez kevesebb energiát igényel tőlünk a felkészülésben, mint az interaktív mesejáték, viszont itt már szükség lehet egy kis írói vénára is. Egy rögtönzött mesénél megengedhető, ha csapongunk; ha a mese nem egészen sikerül irodalmira; ha az egész csak tíz mondatból áll; de egy kész mesét nagyon alaposan ki kell dolgoznunk. Kell egy jó bevezetés, izgalmas cselekmény és egy hatásos befejezés, mint a mesejátéknál – de amit ott eljátszunk, azt itt a saját szavainkkal kell pótolnunk, párbeszédekkel színesítenünk, igényesen kell fogalmaznunk.

Persze kereshetünk hozzá egy megfelelő kész mesét is, de korántsem biztos, hogy találunk a célnak pontosan megfelelő történetet. Nálunk a hatást az is erősíti, hogy a mese Zsuzsiról – vagyis szinte róluk – szól. (Zsuzsi egyébként közkívánatra lett ezeknek a meséknek is a hőse.)

A mesét többször is elmondjuk, hogy rögzüljön a gyerekekben, majd különböző játékokkal megerősítjük a benne rejlő ismereteket.

Zsuzsi és a Vízimanó

(Közlekedési ismeretek)

– Jaj! Elfelejtettem bemenni pékhez! – bosszankodott anya, amikor hazaért a vásárlásból.

– Én elmegyek! – ugrott fel Zsuzsi a rajzasztaltól. – Mit kell hozni?

Zsuzsi már többször ment egyedül vásárolni a közeli üzletsorra, pedig egyszer még egy zebrán is át kell mennie.

– Tündér vagy! – mosolygott rá anya. – Hat zsemlét kellene hozni. Itt van a pénz.

– Mehetek biciklivel? – kérdezte Zsuzsi.

– Egyedül nem.

– De nem is biciklizem az úton!

– Na, jó! – egyezett bele anya. – Apa felszerelte már az új csengőt?

– Igen, és van első és hátsó lámpa, fék, csengő, prizma... Naaa, mehetek?

– Mehetsz, de nagyon óvatos légy!

Zsuzsiék a park mellett laktak, és a hátsó kapu egyenesen ide nyílott. Gyakran szokott itt biciklizni, mert alig van forgalom. A parkba tilos behajtani autóval, csak a buszok és a kukásautók jöhetnek be, de Zsuzsi egyébként is a kerékpárutat szokta használni. Itt tanulta meg, hogy az út jobb szélén biciklizhet, és hogy ha kanyarodik, azt a karjával kell jeleznie.

A park végén átmegy a zebrán, de ez sem veszélyes, mert a jelzőlámpa segíti az átkelést. Az úttest túloldalán pedig ott az utca, ahol vásárolni szoktak.

A széles utca közepén szökőkút áll és hosszú virágágyások, vidám színűre festett padokkal. Autóval csak az árut szállító teherkocsik hajthatnak be, de azok is nagyon lassan, mert ide sétálni, pihenni járnak le az emberek. Szóval egyáltalán nem veszélyes az út a pékig.

Zsuzsi gyorsan tekert a parkban, és egykettőre odaért a zebrához. Itt akkor is leszállt a bicikliről, ha zöld volt a lámpa, mert már megtanulta, hogy a zebrán csak tolhatja a kerékpárt. De most piros volt a lámpa, és Zsuzsi türelmesen várakozott.

Jobb oldalról motoros közeledett, amikor Zsuzsi mellett hirtelen kiszaladt a bokrok közül egy furcsa kis lény, és át is iramodott volna az úttesten, ha a kislány el nem kapja a karját.

– Nem látod, hogy piros a lámpa?! – kiáltott rá, de amikor jobban megnézte a szeleburdi illetőt, felkiáltott az ámulattól: – Óóó!

Apró, zöld, emberszerű lény állt mellette, nagy fejjel, pálcika végtagokkal. Nagy tenyere volt, a lábán békauszonyhoz hasonló talpakkal. A kis ember alig ért Zsuzsi térdéig.

– Ki vagy te? – dadogta Zsuzsi.

– Vízimanó vagyok. Légy szíves, ne szorítsd a karom!

Zsuzsi akkor vette észre, hogy még most is fogja a kis lény karját.

– Jó, de nem szabad csak úgy leszaladni az úttestre! Majd ha zöld lesz a lámpa, átmehetsz. De tulajdonképpen hova mész?

– Haza... A tóba.

– De itt a városban nincs is tó – mondta Zsuzsi. – Hogy kerültél ide?

– Hálóba kerültem sok hal barátommal, aztán ládába szórtak minket és idehoztak. Amikor megérkeztünk, egy vizestartályba kezdték dobálni a halakat, de nekem sikerült megszöknöm. És most haza akarok menni.

– Sajnos én nem tudlak visszavinni. Túl messze van a tó, én pedig nem biciklizhetek az úttesten, de apukám biztosan segít! Hazajössz velem, de előbb meg kell venni a zsemlét!

Hazafelé Vízimanó a zsemlék mellől kukucskált a kormányra szerelt kosárból. Ámulva nézte a tarka autókat, és ijedten húzta le a fejét, amikor a parkban a csörömpölő kukásautó mellett elbicikliztek.

Anya először megijedt, amikor a zsemlékkel együtt egy zöld manó került elő a biciklikosárból, de amikor Zsuzsi bemutatta a jövevényt, megnyugodott.

– Ne félj, megvárjuk apát és hazaviszünk! – mosolygott Vízimanóra.

Még vizet is eresztett neki a kádba, hogy otthon érezze magát. Zsuzsi odatérdelt a kád mellé, és nagyon jókat játszottak: Vízimanó felhozta a vízbe dobált üveggolyókat, bemászott a lavór-csónakba, buborékokat eregetett a víz alól.

Amikor Zsuzsi meghallotta apa kocsiját, elszomorodott.

– Kár, hogy már menned kell… – mondta.

Vízimanó is bánatosan nézett fel, de Zsuzsi már mosolygott, és megsimogatta a fejét.

– Most inkább örüljünk, mert nemsokára láthatod az anyukádat. Biztosan nagyon aggódik már érted!

Az úton Vízimanó Zsuzsi ölében ült az autó gyerekülésében, és a tóról mesélt, ahol minden hal és vízimadár a barátja.

Már messziről megérezte a víz illatát, és ettől nagyon izgatott lett. Amikor kiszálltak az autóból, Vízimanó már futott is a tóhoz, éppen csak visszaintegetett Zsuzsinak. A hullámok kacagva futottak ki elé a partra, körbetáncolták, örömükben felugráltak rá.

– Szia, Manóka – suttogta halkan Zsuzsi, amikor a barátja eltűnt a hullámok között. Még nézte egy ideig a tó sima tükrét, aztán visszaült az autóba.

– Nézd csak, Zsuzsi – mutatott apa a partra. – Azt hiszem, valaki még mondani akar valamit.

Csakugyan – nagy hullámokat kavarva, vizet fröcskölve Vízimanó futott a part felé.

– Ezt neked hoztam, hogy ne felejts el – mondta, amikor a kocsihoz ért, egy nagy csigaházat tartva a kezében. – Ha a füledhez teszed, hallani fogod a víz zúgását, és arról eszedbe jutok. Köszönöm, hogy segítettetek!

Azzal megfordult, és pár pillanat múlva eltűnt a tó vizében. Zsuzsi a füléhez emelte a csigaházat, és valóban: hallotta benne a víz zúgását, és talán még Vízimanó nevetését is.

Feladatok

A feladatok egy hétre szóló tevékenységet tartalmaznak, de a csoport fejlettségének függvényében sűríthetők. A sorrendet azonban mindenképp tartsuk be, mert a feladatok egymásra épülnek! A „Kíváncsi manó" és a „Mehetsz, ha tudod" c. játék kérdései ajánló jellegűek, az óvónő a csoport ismeretében módosíthatja, bővítheti ezeket.

1. nap
Ismerkedés a mesével
– Mesehallgatás
– Meseillusztráció
A következő napokban ismételjük meg a mesét még pár alkalommal!

Mozgó mese
Körben ülnek a gyerekek, az óvónő mondja a mesét. Ha közlekedéssel kapcsolatos szavakat hallanak, felállnak és tapsolnak.

Játszható több szemponttal is: Pl. *jármű nevénél* futnak egy kis kört a körön belül; *ha szabály hangzik el*, beállnak a kör közepére, tapsolnak egyet; *közlekedéssel kapcsolatos egyéb szavak*, (úttest, kerékpárút, zebra, lámpa, táblák) hallatán ugrálnak.

(Ha három szemponttal játsszuk, csoportokra is oszthatjuk a gyerekeket, és mindegyik csak a saját feladatát végzi.)

3. nap
Kíváncsi manó
Vízimanó ellátogat a csoportunkba *(szerepben az óvónő, vagy egy megfelelő plüssfigura)*, mert még sok mindent tudni szeretne a városról. A gyerekeket kéri, hogy magyarázzák el neki, hogy

- mire való az autó, a busz, a kukásautón a sárga lámpa, a jelzőtábla, a jelzőlámpa stb.
- a gyalogos hol közlekedhet, mikor mehet át az úttesten, mit tesz, ha nincs, vagy rossz a lámpa stb.
- hol és hogyan közlekednek a gyerekek a biciklivel, hogyan jelzik, ha kanyarodni akarnak, az út melyik oldalán közlekedhetnek, hogy mehetnek át a zebrán?
- milyen felszerelés kell a biciklire, és ezek mire valók? Stb.

4. nap
Táblakereső
Válogassák ki azoknak a tábláknak a képét, amelyekkel találkozhat Zsuzsi, amíg a pékségbe ér! *(Behajtani tilos, kerékpárút, gyalogút, gyalogátkelőhely »figyelmeztető és tájékoztató«, sétáló-, pihenőövezet, sebességkorlátozás)*

Barkácsolás
Készítsék el hurkapálcára a táblák makettjét!

Terepasztal
Építsék meg Zsuzsi lakókörnyékét, helyezzék el a táblákat.

5. nap
Mehetsz, ha tudod!
A tér közepén elhelyezünk egy csengőt. A csengőtől kétoldalt, a terem hosszában helyezkedik el a két pálya, mindkettő 4-4 vízszintes sávra osztva. A sávok **mögött**, egymással szemben áll fel a két csapat, akiknek – felváltva – 4–4 kérdésre kell válaszolnia.

Feltesszük az első kérdést az egyik csapatnak. Jó válasz esetén a csapattagok előreléphetnek az első sávba, rossz vagy paszszolt válasznál a helyükön maradnak. (Ekkor a másik csapat válaszolhat helyettük, de pont csak a saját kérdésük után jár!) Következik a második csapat 1. kérdése, és így tovább.

Mivel ez csapatmunka, a kérdést megbeszélhetik, és ha megszületett a megoldás, egy általuk kijelölt szószóló válaszol.

Ha mindkét csapat jól válaszolt a 4 kérdésre és eljutottak az utolsó sávba, egy döntő kérdést teszünk fel. Ehhez mi válaszunk ki 1-1 gyereket, nagyon ügyelve, hogy azonos képességűek legyenek. Itt ugyanis már nincs mód megbeszélni a csapattal a választ, az ő tudásukon múlik a győzelem.

Amelyik csapat képviselője **előbb** mondja a helyes választ, az győz, és szólaltatja meg a csengőt.

Példák a kérdésekre:
1. csapat: Mire való a járda?
2. csapat: Mire való az úttest?
1. csapat: Hogyan kell átmenni a zebrán, ha nincs jelzőlámpa?
2. csapat: Mit jelent, ha a zebránál villog a zöld lámpa?
1. csapat: Hogyan kell átmenni a zebrán biciklivel?
2. csapat: Mire való a jelzőlámpa?
1. csapat: Milyen felszerelés kötelező a kerékpárra ahhoz, hogy az utcán közlekedhessünk vele?

(Fényjelző lámpák, fékek, csengő, prizmák – három jó válasz elég)

2. csapat: Milyen felszerelés kell vagy ajánlott a biztonságos biciklizéshez?

(Bukósisak, fényvisszaverő mellény, térd- és könyökvédő.)

Döntő kérdés
Mikor közlekedhet egy gyerek biciklivel az úttesten?

(Felnőtt kíséri; a biciklije biztonságos – jól beállított kormány, kemény gumik, működő fékek –, és megtalálhatók rajta a kötelezően előírt felszerelések – csengő, lámpák, prizmák)

(*A kérdések csak példák, mindenkinek a csoport tudásszintjére kell méretezni! Összeállításuknál ügyeljünk arra, hogy a két csapat hasonló nehézségű feladatot kapjon!*)

Mire jó a víz?

(A víz világnapjára)
Zsuzsi egymás után készítette a homokpogácsákat – ott sorakoztak a homokozó szélén hibátlanul, sokféle formában. Délelőtt anyával csokikrémes sütit sütöttek, de azt csak unalmas kockákra vágták, nem ilyen szép formákra. Igaz, azt meg lehet enni, és milyen finom lett! Zsuzsinak kedve támadt, hogy újra megkóstolja, és beviharzott a konyhába.

Felmászott a székre a szekrényen lévő süteményes tálcához, amikor anya hátranézett a mosogatótól:

– Kézmosás, Zsuzsi!

– Jó, majd megmosom! – felelte, és már majdnem elérte a sütit.

– Nem majd, hanem MOST. Csupa homok a kezed!

– Nem is! Nézd, hogy ledörzsöltem róla!

– Márpedig így nem ehetsz sütit! – jelentette ki anya, és levette Zsuzsit a székről. – Irány a fürdőszoba!

– De én nem akarok kezet mosni! Utálom a vizet!

Anya azonban már a mosogatásra figyelt, csak egy szigorú pillantást vetett Zsuzsira.

Zsuzsi dühösen ment ki a konyhából, még az ajtót is bevágta maga után. Leszaladt a kert végébe a tóhoz, és sírva fakadt.

– Miért sírsz? – kérdezte egy rekedt hang.

Zsuzsi felpillantott, és egy tavirózsalevélen egy nagy, csúf békát pillantott meg. Két lábon állt, a feje inkább emberre hasonlított, de Zsuzsit most csak a saját bánata érdekelte.

– Utálom a vizet! – vetette oda a fura szerzetnek.

– Nocsak! – krákogott a béka. – De hátha segíthetek. Én ugyanis a Vizek Ura vagyok, és...

– Hagyjál! – kiáltott rá Zsuzsi. – Bárcsak ne is lenne víz a világon!

Vizek Ura hosszan nézett rá, majd megkérdezte:

– Csakugyan ezt szeretnéd?

– Igen! Nem akarok vizet!

– Hát, legyen így – mondta a Vizek Ura, és eltűnt a tóban.

Zsuzsi még sokáig ült a parton. Úgy tűnt, mintha a víz kicsit visszahúzódott volna, de nem is figyelt oda. Visszament a konyhába.

Anya éppen akkor indult a boltba, de Zsuzsi most nem akart vele menni. Amikor egyedül maradt, odalopakodott a szekrényhez és levett egy sütit a tálcáról. Beletömte a szájába az egészet és jóízűen befalta. Megtörölte a száját a kezével, aztán kivette a hűtőből az almalét. Az üdítős doboz azonban üres volt, ahogy a spájzban az ásványvizes flakonok is.

Bosszúsan ment a vízcsaphoz a pohárral, de hiába nyitotta meg a csapot, víz helyett csak sziszegő, hörgő hang jött ki belőle.

– Nincs víz?

Ez már csakugyan furcsa volt, és Zsuzsi aggódva szaladt a fürdőszobába, hogy megnézze, ott mi a helyzet. A tükörbe pillantva ijedten látta, hogy a csokival teljesen összekente az arcát. Fogta a szappant, megnyitotta a csapot, de víz innen sem jött. Meg is feledkezett a szomjúságáról; most az volt a fontos, hogy megmosakodjon, mert Anya haragudni fog, amiért mégis vett a sütiből.

A tóhoz szaladt, és rémülten torpant meg: a víz szinte teljesen eltűnt, a megmaradt kis pocsolyában kétségbeesetten vergődtek a halak. Beljebb, a tó közepén egy ember gyalogolt az iszapban, a kenuját a hátán vitte. Zsuzsinak összeszorult a szíve, és olyan rossz érzés öntötte el, mint amikor valami nagyon rosszat tett.

Megfordult, és végignézett a kerten. A virágok hervadtan dőltek a földre, a meggyfán feketére aszalódott, száradt gyümölcsök lógtak.

– Én ezt nem akartam! – kiáltott fel, és sírva fakadt. – Hallod, Vizek Ura, én ezt nem akartam! Kérlek, bocsáss meg, és add vissza a vizet!

– Biztosan ezt akarod? – szólalt meg mellette egy hang. A békaszerű kis lény ott ült a parton egy nagy kövön, és Zsuzsit nézte.

– Igen, kérlek, add vissza a vizet!

Vizek Ura felállt, és intett a kezével. Víz bugyogott fel a földből, és a tó szintje gyorsan emelkedni kezdett. A halak felélénkültek, és boldogan csapkodtak a farkukkal. A kenus ember először csodálkozva megállt, majd vízre tette a csónakját és elevezett.

A virágok felemelték a fejüket, a gyümölcsök újra kigömbölyödtek a meggyfán.

Zsuzsi köszönetet akart mondani, de a Vizek Ura már nem volt sehol.

Mire visszament a házba, Anya már otthon volt. Zsuzsi odafutott hozzá.

– Ne haragudj, anya, nagyon rossz voltam – sírta el magát. – Azt akartam, hogy ne legyen víz, és majdnem meghaltak a halak, elhervadtak a virágok. És vettem a sütiből is. De most már mindig meg fogom mosni a kezem, csak ne haragudj!

Anya nem szólt semmit, csak elmosolyodott, és magához ölelte Zsuzsit.

<u>Játékok, tevékenységek:</u>

Gyűjtögetős (Mire jó a víz?)
Körben állunk. A játékvezetőnél egy játék vizeskancsó (vagy kis vödör, játékpohár), és mond egy tevékenységet a víz felhasználási módjáról (pl. főzünk vele). Ezután átadja a tárgyat valakinek a körben, és most ő mond valamit.

Ismételni nem szabad. Aki nem tud újat mondani, az
– körbefutja a kört
– kiesik a játékból (leül a szőnyegre). Ebben az esetben addig játsszuk, amíg csak egy gyerek marad játékban – ő a győztes.

Játék a képekkel
Képeket kérünk be a gyerekektől a víz felhasználásáról.

<u>Csoportosítsuk a képeket felhasználási mód szerint.</u>
1. szint: mi adjuk meg a gyűjtőfogalmat. Fogyasztjuk – megisszuk, főzünk vele –, tisztálkodás, tisztítás, sportolás, öntözés, szabadidő, élőhely, eszerint válogatnak.

2. szint: találják meg az azonos csoportba tartozó képeket, és nevezzék meg a gyűjtőfogalmat.

Plakát- vagy albumkészítés

A gyerekek által behozott képekből közös albumot készítünk, de hirdethetünk családi plakátkészítő versenyt is.

Párkereső

Minden gyerek kap egy képet a víz felhasználásának módjáról. Séta térben zenére. Amikor megáll a zene, mindenki megkeresi a párját a fenti csoportok alapján (pl. mosogatás és autómosás – tisztítás; zuhanyozás és fogmosás – tisztálkodás; öntözés és viráglocsolás – növények táplálása; úszás és kajakozás – sport; stb.)

Nem baj, ha egy csoporthoz négy kép tartozik, lényeg, hogy párosan legyenek.

Páratlan létszám esetén az óvónő is beáll.

Ájulós

Igaz vagy hamis állításokat mondunk a vízről. Igaz állításnál mindenki ugrál, hamisnál „elájul" az elképedéstől.

Gyakorlott csoportban az állításokat egy gyerek mondja, de 5-6 mondat után válasszunk mást, hogy többen szerephez jussanak.

Példák az állításokra:

Víz nélkül nem tudnánk élni. Azért van szükségünk a vízre, hogy mosakodni tudjunk. Az üdítő egészségesebb ital, mint a víz. A növények a talajból szívják fel a vizet. Azért takarékoskodunk a vízzel, mert sok pénzbe kerül. A víz hosszú csöveken a folyókból kerül a csapba. A madarak nem isznak vizet stb.

(A kérdéseket meríthetjük a meséből is.)

JÁTÉKGYŰJTEMÉNY

A játékok nagy részét forrásmegjelölés nélkül, különböző tanfolyamokon, munkaközösségeken gyakorlatban gyűjtöttem több év alatt, egy részüket magam alkottam, más részük az irodalomjegyzékben található gyűjteményekből származnak.

A forrásokban sok az átfedés – egyes játékok több gyűjteményben is megtalálhatók –, ezért itt csak az általam írt játékokat jelölöm meg.

A témakörök alá sorolás csak irányadó, mert a játékok (kevés kivétellel) több fejlesztési területet is érintenek. Ezekhez teszek is javaslatokat a leírásoknál, bár csak a pedagógusok kreativitása szabhat határt a játékokban rejlő lehetőségeknek.

Kapcsolatteremtő játékok

Valójában minden játék kapcsolatteremtő, ha egynél többen játsszák. Az alábbiakat leginkább egy új csoportnál alkalmazom.

Cserebere (Farkas Annamária)
Fejlesztési terület: ismerkedés, kapcsolatteremtés, figyelem.
Minden gyerek választ magának egy tárgyat, amit a kezében tart. Zenére sétálnak a térben, és akivel „találkoznak", azzal elcserélik a tárgyukat. (Egy tárgy akár 15 gyerekhez is átvándorolhat.)
A zene végén gyorsan körbeállnak.
1. Leteszik a játékukat maguk elé. Mindenki megkeresi a szemével a sajátját. Tapsra odaállnak a játékukhoz.
2. Egy kijelölt gyerek odamegy ahhoz, akinél a játéka van: „Visszaadnád a labdámat? _Tessék!_ Köszönöm!" Most ez a máso-

dik gyerek indul visszakérni a játékát. Magas létszámnál indulhat három gyerek is egyszerre. Ha valakinek a játéka épp egy másik keresőnél van, útközben cserélnek.

Adok-kapok

A gyerekek körben állnak, zenére egy tárgyat adogatnak körbe. Akinek a zene leállásakor kezében marad a tárgy, kiesik. Az győz, aki utoljára marad.

Ajándékküldés

Fejlesztési terület: ismerkedés, memória (nevek gyakorlása)
A játékot a felnőtt kezdi. A becsomagolt dobozkával odamegy valakihez, és átadja: „Küldöm Petinek". A gyerek kézbesíti a csomagot: „Az óvónéni küldte!" Most Peti adja át a dobozt valakinek, megnevezve egy új címzettet.

Madárfészek *(Farkas Annamária)*

Fejlesztési terület: reakcióidő, figyelem, egymásra figyelés (biztonság)
A földön lévő karikák a fészkek – pont feleannyit tegyünk le, mint az aktuális létszám. A madarak röpködnek a karikák körül. Jelre minden fészekbe két madár repül be. Ha páratlan a létszám, az óvónő is játszik.

Párkereső

Fejlesztési terület: ismerkedés, figyelem, reakcióidő
A játék előtt párokat alkotnak. Zenére a párok szétválnak, és szaladgálnak a térben. Ha elhallgat a zene, megkeresik a párjukat.

Vicces párosító *(Farkas Annamária)*

Fejlesztési terület: ismerkedés, reakcióidő
Futás a térben. Jelre párt alkotnak. Az egyik gyerek terpeszbe áll, a másik behasal a „kapuba". (Hogy ki a kapu és ki bújik be, megbeszélik egymás között.)
Kaphatnak többször is új feladatot a párok a játék során. Pl. megfogják egymás kezét; ugyanez forgással; egymás előtt szo-

rosan terpeszbe ülnek (mint a szánkón); kézfogással, guggolásban totyognak stb.

Minden alkalommal új párt kell keresniük.

Érzékelő játékok

A gyűjtemény többi kategóriájában sok olyan játék található, amely felhasználható az érzékszervek erősítéséhez is, de fejlesztő hatásuk révén más területhez jobban köthetők. Itt azokat a játékokat tüntetem fel, amelyek konkrétan csak az érzékelésre, észlelésre – és a hozzájuk tartozó figyelemre – irányulnak.

Hallás
„Gyere ide"

2–3 gyerek áll a körben bekötött szemmel. 2–3 kiválasztott kívülről a nevükön szólítva csalogatja őket.

(Több hangból kell kiválasztani azt, aki az ő nevét mondja, felismerni a helyes irányt.)

Nehezítés: párokat alkotunk, majd ezek szétválva szabadon járkálnak a térben. Szólíthatják egymást a nevükön (ekkor a nagyobb zajból, folyamatos mozgás közben kell kihallaniuk a nevüket, másik hangját, de tovább nehezíthetjük, ha mindenki ugyanazt mondja (pl. „Gyere ide!"). Így a párjuk hangját azonosítva kell megkeresni őt.

Fülelj!

– Csukott szemmel, néma csendben figyelni a külső zajokra. Halkan súgva mondhatja, aki felismert valamit (autózúgás, telefoncsörgés, madárhang stb.).

– Játékvezető idéz elő hangokat (papírszakítás, papírgyűrés, ollócsattogás, kopogtatás az ablakon, labdapattogtatás, tányérban csörgő kanál stb.

Kiabálós (egyszerre)
Számlálni 10-ig, 20-ig. Suttogva indítunk, majd egyre hangosabban. Nagyoknál visszafelé számlálva elhalkulunk.
(„Gőz kieresztésére" is jó játék!)

Kiabálós (egyenként)
A gyerekek körben állnak, a kérdés és a válasz sorban halad végig a körön.

Az első gyerek súgva szól a másodiknak: *„Gyere velem sétálni!"* A második egy leheletnyivel hangosabban felel: *„Nem megyek veled sétálni!"* A harmadik megint kérdez, a negyedik felel – és így tovább.

A kérdés és a válasz gyerekenként fokozatosan hangosodik, egészen a kiabálásig, majd a játékvezető jelzésére ugyanígy halkul.

Nem könnyű a gyerekek számára a fokozatosságot megtalálni, hajlamosak a végletekre. A játék a hallás finomítását segíti.

Hallás-tapintás
Erre csörög a dió *(népi játék)*
Egy bekötött szemű gyerek a fogó. A körülötte járkáló gyerekek (behatárolt térben) az *„Erre csörög a dió, arra meg a mogyoró"* hívószólammal csalogatják. A fogó a hang alapján tájolja be a zsákmányt, és próbálja elkapni. Siker esetén tapintással kell kitalálnia, kit fogott meg. Ha sikerül az azonosítás, az elfogott gyerek lesz a fogó.

Tapintás
„Keresem a párom!" *(Farkas Annamária)*
A párban lévő tárgyakat kiosztjuk a gyerekek hátratett a kezébe. Ezeket tapintás alapján kell felismerni, megnevezni.

Hívó: „Keresem a párom! Párom a ceruza." Akinél a másik ceruza van, a hívó mellé áll, és megfogja a kezét. Addig tart, míg mindenki megtalálta a párját.)

A hívó az, aki először megszólal a csoportból – ha többen is hívnak, megegyeznek egymás között, hogy kié a szó.

Ha minden pár megvan, séta közeben többszörös cserét hajtanak végre, és (új párokkal) kezdődhet elölről a játék.

Látás

Találj haza! (*Farkas Annamária*)A terem különböző pontjaira elhelyezünk egy-egy színes lapot. A gyerekek kicsi színkorongokkal járnak a térben, jelre a megfelelő szín alá gyülekeznek. Ezután a térben való séta közben folyamatosan cserélgetik egymással a korongokat.

– Nehezítés 1. A korongokat az adott szín több színárnyalatában készítjük el.

– Nehezítés 2. Kevert színeket teszünk ki a teremben, a gyerekek a fő színeket kapják a

kártyáikon. Jelre a kevert színek összetevői gyülekeznek egy szín alá (pl. narancssárga – piros, sárga; rózsaszín – piros, fehér stb.)

Anyanyelvi játékok

Szókincs

Gyűjtögetős

Fejlesztési terület: ismeretek megerősítése, rendezése (pl. ősszel kapcsolatos szavak), figyelem, gondolkodás (szintézis), emlékezet, felidézés.

Egy meghatározott témakörben gyűjtögetnek szavakat – a tárgy átadása a szó átadását is jelenti. Ezek lehetnek pl.:

– egy meghatározott mese konkrét vagy lehetséges szereplői (akik beleillenek a történetbe, nem befolyásolják annak alakulását)

– játékok

– ételek,

- madarak
- őszre jellemző dolgok stb.

Aki olyat mond, ami már elhangzott; ha nem a témához tartozó dolgot mond; nem jut eszébe semmi, vagy túl sokáig gondolkodik, kiesik a játékból.

Kiesés helyett futhatnak egy „büntető kört" a körön kívül.

Rímkereső

Fejlesztési terület: fonémahallás, szókincs

Rímelő szavakat kell keresni pl.: Velence – medence, Katika – patika.

- A hívószót a játékvezető mondja, erre kell – akár több – rímet találni a gyerekeknek.

Hogy vagy, szomszéd?

Fejlesztési terület: ismeretanyag (meghatározott témakörön belüli szomszédok), emlékezet.

A gyerekek körben helyezkednek el, a kérdés sorban halad. A „gyűjtögetőssel" megegyező tartalmú játék, előnye, hogy szórakoztató, hátránya, hogy kevésbé gördülékeny, és csak élőlények esetében használható.

A: – Hogy vagy, pocok?
B: – Köszönöm, jól.
A: – És a szomszédod, a szitakötő?
B: – Nem tudom, de megkérdezem tőle. Hogy vagy, szitakötő?
C: – Köszönöm, jól.
B: – És a szomszédod, a víziló?
Stb.

Szobaleltár

Fejlesztési terület: fonémahallás, szókincs

Vegyük szépen számba, hogy mi van a szobában! Keressük meg először pl. a „k" hanggal kezdődő tárgyakat, ezután azokat, amelyeknek a nevében van „r" hang! Aztán így tovább, míg mindent sorra nem kerítettünk!

Ellentétek

Fejlesztési terület: gondolkodás, figyelem, felidézés, szókincs.

Mondd az ellentétét!

– Szögletes (kerek, gömbölyű)
– Sötét (világos)
– Szelíd (vad)
– Keskeny
– Egyszerű
– Unalmas
– Szegény
– Kövér
– Beteg
– Lusta
Stb.

Szólánc

Fejlesztési terület: fonémahallás, szókincs, figyelem

2 vagy több játékos

Olyan szavakat gyűjtünk, amelyeknek kezdőbetűje az előző szóutolsó hangja. (Pl.: sapk**a** – **a**szta**l** – **l**adi**k** – **k**émé**ny** – **ny**úl stb.)

Több játékos esetén mehet körbe a lánc, de kiválaszthatják a gyerekek is az utánuk következőt – pl. egy tárgy átadásával.

Szóvonat

Fejlesztési terület: figyelem, gondolkodás (összefüggések – a mondatba illő szó keresése), mondatalkotás

Választunk egy „mozdonyt" (egy gyereket), aki mond egy szót (pl. *alma*). Aki ehhez a szóhoz hozzáilleszti a saját szavát („*ettem* almát"), beáll vagonnak a mozdony mögé. A mondatunk így gyarapszik tovább: *Ettem piros almát. Ettem három piros almát. Ettem három piros almát az óvodában.*

Ha már nincs több ötlet, elindulhat a vonat.

Várjáték

Fejlesztési terület: fonémahallás, szókincs

Ebben a várban csak azok laknak, olyan dolgok vannak, amik úgy kezdődnek, hogy...

– „ma..." (malom, madár, macska, mandula stb.)
– „ke..." (kecske, kemence, Kelemen, kerék)

Csinálj sokból egyet! (Egyből sokat!)

Fejlesztési terület: gondolkodás (analízis, szintézis), szókincs

Olyan főneveket mondunk, amelyeket a gyermekek gyűjtőnév alá tudnak rendezni, illetve a fő fogalmat adjuk meg, s a gyerekek az alá tartozó fogalmakat mondják.

– fa – erdő
– katona – hadsereg
– asztal – bútor
– körte – gyümölcs
vagy:
– állat – rozmár
– bútor – kanapé
– ruha – póló
– játék – kirakó

Szinonimakereső

Fejlesztési terület: szókincs

Mondd másképp!

– megy (jár, lép, sétál, ballag, bandukol, baktat)
– nevet (mosolyog, kacag, vigyorog, hahotázik, kuncog)
– énekel (dalol, dudorászik, nótázik, dúdol)
– stb.

Összetört szavak

Fejlesztési terület: fonémahallás, figyelem, gyors reagálókészség, szókincs

Az egyik játékos mond egy szótagot, egy másik kiegészíti úgy, hogy értelmes szót kapjon. Ezután ő küld egy szótagot valakinek (pl. rámutat arra, akit választott).

Vigyázat: csak kéttagú szavakkal játszható!

Az óvónő rámutat egy gyerekre, miközben mond egy szótagot (al-...), neki pedig be kell fejeznie (...-ma)

A „Várjátékkal" megegyező tartalom, de itt nem egy szótag folytatását keresi mindenki. Ez a változat nagyobb figyelmet igényel.

Beszédkészség

„Haragszom rád"

Fejlesztési terület: _párbeszéd bevezetőjátéka, gyors reagálókészség_

A: Haragszom rád.

B: Miért?

A: Mert piros a szoknyád.

C: Miért piros a szoknyád?

A: Mert ilyet vett az anyukám.

D: Miért ilyet vett az anyukád?

Stb.

A csoport tagjai sorban kérdeznek, „A" válaszol.

Variáció: mehet körben a kérdés-felelet (1. kérdez, 2. válaszol, 3, kérdez, 4. válaszol stb.)

Nehezítés: aki nem tud azonnal kérdezni vagy felelni, zálogot ad.

Képleírás

Fejlesztési terület: _figyelem, megfigyelés, gondolkodás (szintézis –_ _szóhoz mondatot kreálni), mondatalkotás._

Nagy, mindenki által jól látható, egyszerű eseményt ábrázoló képet mutatunk a gyerekeknek. Az óvónő mond egy jellemző szót a képről. A gyermekeknek a továbbiakban úgy kell egy-egy gondolatot mondaniuk a képről, hogy ez a szó benne legyen.

Pl.: Szinnyei Majális c. festménye – hívószó: fehér.

A barna hajú lánynak fehér a ruhája. Fehér bárányfelhők vannak az égen.

De bonyolíthatjuk is, ha pl. gyűjtőfogalmat adunk.

Pl. testrész.

A kalapos ember a kezével térdére támaszkodik. Az ülő bácsi mutogat a kezével.

Hol voltam, hol nem voltam *(Farkas Annamária)*

Fejlesztési terület: képzelet, mondatalkotás, ismeretanyag rendezése (érzékszervek, és amit érzékelnek)

– Tájékoztatni egy képzeletbeli hely képzeletbeli tárgyáról úgy, hogy a látást kikapcsolva a többi érzékszervre hagyatkozunk (tapintás, szaglás, hallás, esetleg íz).

– A helyszínt mindig előre megmondjuk.

Pl. „Egy erdei tisztáson. **Sötét van!** Kellemes zúgást hallok a lábam előtt. Leguggolok, hogy megtapogassam. Egy hosszú, keskeny árokfélében találtam valamit, ami gyorsan zúdul lefelé a mélyedésben. Ez az a hang, amit hallottam. Hiába próbálom megfogni, amikor belemarkolok, eltűnik az ujjaim közül. Nedves lett a kezem.”

Mondd el, mi a szabálya *(Reök György)*

Fejlesztési terület: figyelem, megfigyelés, logikus gondolkodás (összefüggések felismerése), mondatalkotás.

Körben állnak a gyerekek. Az óvónő középen áll egy labdával, és valamilyen szabály alapján dobja a gyerekeknek (pl. minden második vagy minden harmadiknak dobja, leütés vagy feldobás után dobja valakinek, az elsőnek egyszer dobja, a másodiknak kétszer, harmadiknak háromszor stb.) A gyerekeknek meg kell fogalmazniuk a szabályt. Aki kitalálta, az áll be középre.

Mi van a kezemben?

Fejlesztési terület: megfigyelés, érzékszervek (tapintás).

A „Hol voltam…” c. játékhoz hasonló tartalom, de itt csak a tapintás szerepel, és közvetlen érzékelés alapján kell jellemezni a tárgyat. Nem elvárás a mondatalkotás.

Egy kendővel letakart tárgyat kell kizárólag a tapintás alapján körülírni. Nem nevezhetik meg, nem mondható el, hogy mire használjuk, csupán az, amit az ujjaink kitapogatnak. (Pl. Ez a tárgy vékony és hosszúkás, az anyaga nagyon kemény, hideg. Az egyik végén egy kicsit kiszélesedik és itt négy, hegyes végű ága van.)

Bővíts mondatot!

Fejlesztési terület: kérdéskultúra (kérdőszavak használta), gondolkodás, emlékezet (az egész mondatot fel kell idézni minden hozzátett szónál), mondatalkotás (bővített mondat).

Óvónő: – Autót láttam. Milyen autót?

Gyerek: – Zöld autót láttam.

Óvónő: – Hol?

Gy.: – Az utcán zöld autót láttam.

Ó.nő: – Mikor?

Gy.: – Tegnap az utcán zöld autót láttam.

Tedd igazzá!

Fejlesztési terület: mondatalkotás, gondolkodás (igaz-hamis).

Az óvónő mond egy hamis állítást. A gyerek elismétli a mondatot, kicserélve az oda nem illő szót úgy, hogy igaz legyen az állítás.

– A macska, ha mérges, _dorombol_.

– _Télen_ a fák szép lombosak.

– Ha _jó_ kedvem van, _sírok_. (Bármelyik szót cserélheti.)

– A hal a _levegőben_ úszik.

Mondd helyesen!

Fejlesztési terület: mondatalkotás, szórend.

Mondatok szavait mondjuk, a sorrendet összekeverve, hiányos ragozással.

– Iszik cica tej.

– Szeret csont Bodri.

– Képeslap küld én.

– Fa hull levelek.

Születésnapra

Fejlesztési terület: mondatalkotás, összetett mondat gyakorlása, fantázia.

Körbejár az „ajándékcsomag" és aki megkapta, kíván valamit az ünnepeltnek. („Én azt kívánom neked, XY, hogy gyógyuljon meg a beteg kiskutyád" stb.)

Ki vagyok?

Fejlesztési terület: mondatalkotás, gondolkodás.

A gyermek körülír egy élőlényt, tárgyat, jelenséget a jellemző jegyei alapján. A többieknek ki kell találniuk, mire gondolt. Aki megfejtette, az „gondol" a következő játékban.

Pl.: „Én egy állat vagyok, lompos farkú, vörös ravasz." (Róka)

Befejezetlen mondat

Fejlesztési terület: mondatalkotás – összetett mondat, fantázia.

Feladunk egy olyan befejezetlen mondatot, amely érdekli a gyerekeket, amin szívesen elgondolkodnak. Fontos, hogy a bevezető mondat(töredék) a kötőszónál szakadjon meg, mert ez már önmagában is válaszra ösztönöz.

Aki nem akar megszólalni, „passzolhat".

A gyerekek körben ülnek. A szót átadhatják sorrendben (körben), de tetszés szerint is (tárgy átadásával, rámutatással).

Egy alkalommal csak egy mondatot futtassunk végig!

Pl.

– Én azért szeretnék királylány /királyfi lenni, mert...

– Én azért nem szeretnék királylány/királyfi lenni, mert...

– Azt kívánnám az anyukámnak, hogy...

– Ha az állatok beszélni tudnának, akkor...

– Ha lenne 1000 forintom, akkor...

– Jó lenne nyaralni menni, mert...

– Szemtelen az, aki...

– A jó tündért úgy lehet megkülönböztetni a rossz tündértől, hogy...

– Ha madárrá változnék, akkor...

Múltbéli látogató (*Farkas Annamária*)

Fejlesztési terület: összefüggő beszéd (folyamatos szöveg alkotása), tárgyak/dolgok és funkcióik, gondolkodás.

Kerettörténet:

A mesekönyvedből véletlenül kipottyant egy király. Mielőtt visszamenne a mesébe, szétnéz a mi korunkban. Sok olyan dolgot lát ott, amiről nem tudja, mi lehet. Persze, hiszen az ő világában még gyertyával világítanak, nincsenek gépek, amelyek árammal működtek.

Keress olyan dolgokat, amiket a király nem ismerne.

Magyarázd el a neki, mi a tévé (a repülőgép, a bicikli, internet, tablet, telefon stb.), és **mire használjuk**. Ha tudod, magyarázd meg, **hogyan működik.**

A játék leírása:

A kerettörténet elmondása után az első tárgyról a felnőtt beszéljen – ezzel mindjárt mintát is ad a gyerekeknek. Nem fontos, hogy mindenki megszólaljon!

Szövegértés

Játszd el!

Fejlesztési terület: szövegértés, metakommunikáció.

Feladat az instrukciók megértése folyamatos követése.

Egy gyerek (kezdetben az óvónő) mond egy rövid, de összetett történetet, amit egy (vagy több) gyereknek némajátékban kell eljátszania. Egy szituációt egymás után többen is eljátszhatnak.

Pl.: Elindulsz játszótérre, bezárod az ajtót. Pár lépés után eszedbe jut, hogy otthon felejtetted a labdát, és visszamész érte.

– Kinga elkéri Kata babáját, de ő nem akarja odaadni. Kinga sírva fakad és elmegy. Kata utánamegy, megvigasztalja, és odaadja a babát.

Variáció: A történetet csak a két szereplőnek súgjuk meg, akik némajátékkal eljátsszák. A többieknek ki kell találni, mi volt a történet.

Szókitaláló
Fejlesztési terület: fonémahallás, gondolkodás, összefüggések, szókincs.

Kis kártyákra lerajzolom a tárgyat vagy állatot, és ezt a kezembe rejtem. Aki a leírás alapján kitalálja, megkapja a képet. A játékvezető lehet gyerek is, ekkor neki kell beszélnie az általam lerajzolt dologról.

„Sz" hanggal kezdődik, étel, húsból készül, szendvicsbe tesszük.

„Sz" hanggal kezdődik, üvegből és fémből készül, az arcon viselik, nélküle nehéz lenne az élete néhány embernek.

Hasonló hangzású szavak *(Farkas Annamária)*
Fejlesztési terület: figyelem, gondolkodás, szövegértés (szövegkörnyezetből kikövetkeztetni a jó szót), humorérzék.

Mondom a szöveget lassan, de folyamatosan. Ha hibát találnak benne, beleszólnak és kijavítják. (A szöveget érdemes előre megírni magunknak!)

„Elmentem vásárolni. Siettem, mert késő volt, és *mértem*, hogy *bejár* a bolt. A *feladó* azt mondta, hogy zsemle nincs, csak *tenyér."*

Nagyon vicces játék, jókat lehet nevetni közben.

Mit jelent a szó? *(Farkas Annamária)*
Magyarázzák el a meséből, új versből kiemelt szavak jelentését. Ha nem tudják, nem mondom el a megfejtést, helyette körülírom, eljátszom vagy példamondatokkal (szövegkörnyezet!) segítek.

Pl. (Kányádi S. *A tavon* c. verséből) „Szúnyog *zirreg* a tó fölött" Példamondat: *A szúnyog kellemetlen, magas hangot ad ki röpködés közben.*

Vázlatolás *(Farkas Annamária)*
Fejlesztési terület: figyelem, gondolkodás (összefüggés – kép és szövegazonosság), szövegértés.

A mese főbb jeleneteit kártyákra rajzolom – egy meséhez 6–8 kártya. Mesehallgatás közben a gyerekek kiválasztják szóban forgó jelenet képét, és így a végére összeállítják a mese vázlatát. (Részletesebben a „Bábozás, dramatizálás" c. fejezetben)

Kérdéskultúra

Barkochba
Fejlesztési terület: gondolkodás (analízis, szintézis, logika) emlékezet (ismeretek felidézése, megszerzett információk észben tartása)
A jól ismert játék, amikor úgy kell kitalálnunk, mit gondolt a társunk, hogy a kérdéseinkre csak „igen" vagy „nem" válaszokat kapunk.

A kérdéskultúra fejlesztésében nélkülözhetetlen játék, mert nagy tudatosságot igényel az eldöntendő kérdések megfogalmazása. (Részletesen a Képességfejlesztés /Gondolkodás/ fejezetben)

„Fekete-fehér, igen-nem"
Fejlesztési terület: párbeszéd, gondolkodás (cseles kérdésekhez) figyelem (tiltott szavak blokkolása).
Régi és kedvelt játék, kár lenne elfelejteni. A címben szereplő szavakat a kérdezett nem mondhatja ki, ezeket meg kell próbálnia elkerülni vagy helyettesíteni. A kérdező azonban igyekszik úgy irányítani a beszélgetést, hogy tőrbe csalja a másikat.

Kérdező (K): „Fekete, fehér, igen, nem, mit vettél a pénzemen? Adtam neked 100 forintot!"

Felelő (F): Kaptam egy kiskutyát.

K: Tud már járni?

F: Hogyne tudna!

K: Fekete a szőre?

F: Barna.

K: Az orra is?

Kíváncsi *(Farkas Annamária)*
Fejlesztési terület: kérdőszavak gyakorlása, fantázia
A kérdező gyerekeknek más-más kérdőszóval kell kérdezniük.
A „**De jó nekem!**" formulával indítok, a gyerekek pedig kérdezgetnek:
- Miért?
- Mert ettem fagyit. *(Témaadó mondat)*
- Hol ettél fagyit?
- Egy tengeralattjárón.
- Milyen volt a tengeralattjáró?
- Rózsaszín, és három antennája volt.
- Miért kell neki három antenna?
Stb.
A témaadó mondat bármi lehet. „Mert láttam majmokat."
„Mert találkoztam a sárkánnyal.", lényeg, hogy érdekes legyen.

Kérdezz, felelek *(Farkas Annamária)*
Fejlesztési terület: emlékezet, felidézés, érzelmi nevelés *(élmények érzelmi elmélyítése)*
Mutatok egy fényképet egy csoportkirándulásról, egy követ, amit a sétáról hoztunk. Fontos, hogy valami élményhez kapcsolódjon!
Valaki feltesz egy kérdést az élményről vagy a tárgyról, valaki válaszol rá.
- Hol készült a kép? (Duna-parton)
- Mikor voltunk ott? (Tegnap)
- Mit csináltunk? (Megnéztük a vízimadarakat)
- Hogyan mentünk oda? (Gyalog) stb.

Metakommunikáció

„Amerikából jöttünk, mesterségünk címere..." *(?)*
Fejlesztési terület: fonémahallás, kifejező mozgás, ismeret (az ember munkája, a munkát jellemző tevékenység)
Két gyerek kimegy a teremből, és választanak egy mesterséget. Ezután bejönnek, elmondják a játék szlogenjét (*Amerikából jöttünk*), és hozzáteszik a mesterség „címerét" (kezdőhangját) – pl.: „p" (pék), majd némajátékkal el is mutogatják.
Aki megfejtette a mesterséget, választ egyet a bemutató párosból, és kimennek új feladványt kitalálni.

„Ez egy kiskutya" *(Móka János)*
Fejlesztési terület: közösségépítés, gátlások oldása, érzelmek kifejezése
Az egyik legjobb játék a metakommunikáció (akár szélsőséges megnyilvánulásainak) gyakorlására.
A játékvezető átad a mellette ülőnek egy tárgyat (pl.: egy zoknit, fakockát – bármit), és szélsőséges mimikával, gesztussal, elváltoztatott hangon közli, hogy ez egy kiskutya. A szomszéd visszakérdez egy újabb beszédstílusban:
– „Mi ez?"
Tehát így néz ki a játék:
Jv.: (álmodozva) „Ez egy kiskutya."
1.: (mérgesen) „Ez egy kiskutya?!"
1.: (a balra ülőnek, medvehangon) „Ez egy kiskutya."
2.: (sóhajtva) „Ez egy kiskutya...?
A játék során minden résztvevő új stílust talál ki mind a kérdéshez, mind a válaszhoz.
A játékban lehet grimaszolni, furcsa hangokat produkálni, sírni, nevetni stb. – minél mókásabb, annál jobb. Csipoghatunk madárként, beszélhetünk reszketeg öregapó-hangon, tátoghatunk halkként, lehetünk megszeppentek, indulatosak, szégyenlősek, szomorúak. Amellett hogy mulattat, megtanulják a gyerekek kifejezni az érzelmeket, fesztelenül használni a hangjukat, a mimikájukat, megismerik saját önkifejezési eszközeiket.

Állatnyelven

Fejlesztési terület: közösségépítés, gátlások oldása, együttműködés.
Játszhat mindenki egyszerre párban, vagy két önként jelentkező a csoport előtt. A szituációt a felnőtt adja meg. Pl. *Madármama leszidja a kisfiát, amiért későn jött haza. A fióka fél, hogy kikap (vagy szemtelen, esetleg felháborodott).* Mivel ők nem tudnak embernyelven, madárnyelven csipogják el egymásnak a mondanivalójukat.

Ha a gyermektől elveszem a szót, kénytelen a metakommunikációra támaszkodni – a hangsúlyra, hangerőre, mimikára, gesztusra, mozgásra stb.

Nagyon jó előgyakorlat a dramatizáláshoz, de egy idő múlva a mindennapi kapcsolatokban is megjelennek ezek a metakommunikációs elemek.

Némajáték

Fejlesztési terület: szövegértés, figyelem, megfigyelés, gondolkodás, fantázia.
Egy cselekvéssort kell eljátszani némajátékkal az önként jelentkezőnek eleinte a felnőtt instrukciói, majd a gyerekek saját ötletei alapján.

A játék bevezetésénél én súgom meg a vállalkozó gyermeknek a feladatot, amit el kell játszania. A kezdeti időkben csak egyszerű cselekvést javaslok (ivás, rajzolás), aztán lehet bonyolítani: „Nyisd ki a konyhaszekrényt, vegyél le egy poharat a polcról, tölts bele vizet a csapnál, és igyál!" „Rajzolgatsz, és kitörik a ceruzád hegye. Idehozod a hegyezőt, és kihegyezed a ceruzát!"

(Az összetett instrukciók révén alkalmazhatjuk a játékot a szövegértés nyomon követésénél is.)

A második szakaszban már a gyerekek találják ki a saját cselekvéssorukat, és ekkor már a fantázia fejlesztését segíti a játék.

(Ha elakad a játék, mert a vállalkozó gyerek nem tudja jól elmutogatni a cselekvést, elvonulok vele, és instrukciókkal vagy jellemző mozdulat megmutatásával segítek.)

Néma igazgató – A gyerekek elnevezésében **„Mutogatós"** – (*Farkas Annamária*)

Fejlesztési terület: *mozgáskultúra (kifejező mozgás), vezető- és alá-rendelt-szerep gyakorlása, pozitív megélése; együttműködés, szemkontaktus.*

Szintén egy cselekvéssort kell eljátszani, de egyenként adagolt, néma instrukciók alapján.

Rámutatok egy gyerekre, odahívom. Rámutatok egy székre, majd magam elé mutatok. (Odahozza). Leültetem. Kihívok egy másik gyereket, odairányítom elé, kézmozdulattal jelzem, hogy forduljon meg, majd hogy üljön le (a másik ölébe).

A játék akkor lett a csoport – állandóan kért – kedvence, amikor már a gyerekek vették át a néma igazgató szerepét.

A játék során kialakult néhány egyezményes jelünk: pl. a forgatásnál úgy teszünk, mintha egy csapot fordítanánk el; ültetésnél fenékpaskolás (*„a fenekedet"*), majd a székre/földre mutatás (*oda a székre/földre*), két tenyérrel nyomó mozdulat (*tedd le*). Hasra fektetésnél értelemszerűen a hasunkra mutatunk.

Fantázia és improvizáció

Üzenet

Fejlesztési terület: _mondatalkotás, érzelmi megközelítés._
Üzenetet bárkinek lehet küldeni – a Mikulásnak, a beteg dadusnéninek, egy meseszereplőnek, de mindig így kezdjük a mondatot:
– Azt üzenem a ...-nak, hogy...

A mese utáni üzenetek hasznosak a mesefeldolgozás során, mert kiderül, hogy mi volt a gyerekek számára a mondanivaló, mi foglalkoztatja őket legjobban. Már az is információt hordoz, hogy egy meséből kinek üzen a gyermek: Piroskának, hogy máskor ne csavarogjon el? Az anyukának, hogy egyedül ne küldje a gyerekét az erdőbe? Vagy a farkasnak, hogy egyen inkább gyümölcsöt?

Nagyon ajánlom egy hangsúlyos pozitív vagy negatív élmény feldolgozásához a játékot, mert az üzenetekből jól felmérhetjük, hogy mennyire érintette meg a gyerekeket.

Szobros

Fejlesztési terület: _képzelet, a tematikus szobrok esetén ismeretek rendezése, gondolkodás (gyűjtőfogalom alá rendelés), kifejező mozgás._
Térben járnak a zenére. Ha elhallgat a zene, mindenki elkészíti a maga szobrát.

Variációk

– Egy gyerek formázza meg a saját témáját, a többieknek ki kell találni, mit akar kifejezni.

– Tematikus szobrok

Formálják meg pl. az

– őszt, telet, tavaszt (tárgyak, élőlények, cselekvések, jelenségek)

– szomorúságot

– fáradtságot

– takarítást.

STOP!

Fejlesztési terület: figyelem, produktív képzelet, kifejező mozgás.
Fejlett csoportban javasolt.
X elkezd egy cselekvést. Pl. sétál és négykézlábra esik.
Y letapsolja, belehelyezkedik a mozdulatába – négykézláb
áll – és lábemelést végez, mintha tornázna.
Z ebből a pózból egy ágy alól szed ki egy begurult tárgyat.
Stb.

Varázsdoboz

Fejlesztési terület: produktív képzelet, gondolkodás (asszoci-
atív és divergens, absztrahálás, azonosítás), kifejező mozgás,
megfigyelés.
A varázsdobozba beleteszünk egy tárgyat, amit előbb megmu-
tatunk a gyerekeknek (egy pálcát, kendőt, egy deszkaszeletet,
kis karikát stb.) A dobozt körbeüljük a szőnyegen, és aki va-
rázsolni akar, odahúzza magához. A doboz felett elmondja a
saját varázsigéjét (improvizált, mókás szövegek is lehetnek!),
és már az átváltozott tárgyat emeli ki belőle. Néma játékkal
imitálja a tárgy használatát (pl. a pálcával furulyázik, kenye-
ret ken, ír, kirúzsozza az ajkát, vonónak használja egy látha-
tatlan hegedűn stb.)
A többiek megpróbálják kitalálni, mivé változott a tárgy.
A megoldás után a doboz visszakerül középre.
(Kedvét szegheti a gyerekeknek, ha a megfejtő kapja meg
a dobozt, mert nem biztos, hogy van új ötlete – legyen mindig
önkéntes a varázslás!)

Változat: Nagyon élvezik, ha nagy tárgyakkal játszunk. Pl. egy akkora (a tetején nyitott) kartondobozzal, amibe egy gyerek bele tud kucorodni. Ebből lehet csónak, ágy, rövidebb oldalára állítva ruhásszekrény, felfordítva asztal, zongora stb.

Az jutott eszembe...

Fejlesztési terület: fantázia, emlékezet, mondatalkotás, érzelmek.
Asszociációs játék. A játékvezető indítja a gondolatsort, és mindenki hozzáteszi a maga asszociációját:

„Arról, hogy itt ülünk körben, nekem a tábortűz jutott az eszembe...

... A tábortűzről nekem a szalonnasütés jutott az ezembe...

... A szalonnasütésről nekem az apák napja jutott az eszembe. Stb.

A nyitó gondolattal irányt is adhatunk a beszélgetésnek, így nehéz témákat is feldolgozhatunk, amelyekről más esetben nehezebben nyilatkoznak meg a gyerekek. Pl. a szorongás: „Az oroszlánról nekem a támadás jutott eszembe" „támadás – félelem" „félelem – szellem" – „halott hozzátartozó – betegség, baleset" stb.

Léptek (*Farkas Annamária*)
Fejlesztési terület: asszociatív gondolkodás, képzetet, hallásfejlesztés.
A játékvezető az ujjaival dobolva lépések zaját imitálja (futás, szökdelés, óvatosan settenkedő, sántító, táncos – ti-ti-tá – stb.)
  Mindegyik után mondják el:
  – Ki járt itt?
  – Mit csinált?

„Találd ki, ki vagyok!"
Fejlesztési terület: képzelet, szándékos figyelem, ismeretek előhívása (emlékezet), összefoglalása, kifejezőkészség.
Egy gyermek átváltozik egy tárggyá, egy meseszereplővé, egy évszakká stb., és körülírja magát olyan jellemzőkkel, amiből a többiek kitalálják, ki/mi lehet ő. Akinek ez elsőként sikerül, a következő játékban ő lesz a körülíró.

Varázsszőnyeg
Fejlesztési terület: képzelet, ismeretek előhívása (emlékezet), összefoglalása, kifejezőkészség.
  – Hová vigyen a varázsszőnyeg?
  – A strandra.
  – Mit látsz?

Beszélő szobrok
Fejlesztési terület: kifejezőkészség, kérdéskultúra, fantázia.
3–5 gyerek állóképet alkot egy általuk kitalált témára, vagy egy mese egy jelenetére, amelyet természetesen a nézők is ismernek. (Kezdetben jó, ha a felnőtt adja meg a történetet.) Fontos, hogy történetbe ágyazzuk a jelenetet, mert így nem csak a látottak, hanem a háttértörténet is lehetőséget ad a kérdésfeltevésre.
  Pl.: Három barát a szülők nélkül játszott a házuk előtti játszótéren, amely mellett egy nagy farakás állt. Megígérték, hogy elkerülik, mégis felmásztak rá. Egyikük leesett, és nagyon fájt a lába. A barátai az összefonott kezükre ültették, így vitték haza.
  A nézők – és persze a felnőtt is – megszólítanak egy-egy alakot az állóképből (pl. „Mit fog mondani az anyukád, amiért nem

179

fogadtál szót?" „Miért másztál fel a farakásra?" „Hogyan esett le a barátod?" „Miért segítesz hazavinni őt?"

Fontos, hogy a kérdések a jelenetek mélységébe vigyenek, és a szereplők érzéseit hívják elő.

Meseszövő

Fejlesztési terület: kifejezőkészség, fantázia, együttműködés (egymás gondolatainak továbbfűzése).

A történetet mondatonként teszik össze a játékosok, mint a mozaikot. Mindenki csak egy mondatot mond, ami az előző mondatokra épül, és továbbviszi a történetet. (Szabály, hogy ami már elhangzott, azt felülírni nem lehet!)

A: *„Volt egy szegény ember, annak volt egy mindent tudó malackája."*

B. *Egy nap, amikor kifogyott a kamrájából minden ennivaló, úgy határozott, hogy megeszi a malacot."*

C: *„A kismalac éktelen sivalkodását meghallotta a király, aki épp arra hajtott a hintóján."*

A tárgyak élete (*Farkas Annamária*)

Fejlesztési terület: kifejezőkészség, fantázia.

Használattól megjelölődött tárgyak (elkopott, megrágott ceruza, lepréselt falevél, jellegzetes kulcstartó egy db. kulccsal, fél pár kesztyű stb.)

A tárgyakat elhelyezzük középen, s akinek a fantáziáját megmozdítja ezek közöl az egyik, azt felveszi, és kitalál hozzá egy történetet – pl. a tárgy gazdájáról (gyerek vagy felnőtt), a helyről, amihez a tárgy köthető (hol és mit nyithat a kulcs), egy eseményről (hogyan veszett el a kesztyű) stb.

Rövidlátó nagyanyó (*Farkas Annamária*)

Fejlesztési terület: képzelet, belső látás, gondolkodás, mondatalkotás, kifejezőkészség, emlékezet (érzékszervi ingerek felidézése).

Kerettörténet: Az öreganyó elvesztette a szemüvegét, ami nélkül semmit nem lát. Ahhoz, hogy megtudja, kit vagy mit talált, felhívja az unokáját (unokáit), aki a nagyanyó elmondása alapján segít neki megfejteni talányt.

Szabályok:
1. A helyszínt mindig megmondja a nagymama.
2. A benyomásait a látás kivételével bármelyik más érzékszerve alapján szerezheti (tapintás, szaglás, hallás, esetleg íz). Pl. „Itt vagyok egy erdei tisztáson. Kellemes zúgást hallok a lábam előtt. Leguggolok, hogy megtapogassam. Egy hosszú, keskeny árokfélében találtam valamit, ami gyorsan zúdul lefelé a mélyedésben. Ez az a hang, amit hallottam. Hiába próbálom megfogni, amikor belemarkolok, eltűnik az ujjaim közül. Vizes lett a kezem."

Összetört mese (*Farkas Annamária*)
Fejlesztési terület: *fantázia, kifejezőkészség.*
Középre kiszórunk mindenféle tárgyat. Az óvónő elvesz egyet, és elkezdi vele a mesét (egy-két mondat). Akit megihlet a történet, szintén felvesz egy tárgyat, amelyet beleépít a folytatásba.
(Indító formula lehet pl. *„Tudjátok, mi van itt középen…? Ez egy mese, csak összetört, és most minden darabkája itt van szétszóródva. Próbáljuk meg összerakni!"*)
Középre tett tárgyak pl.: 2-3 plüssjáték, zsírkréta, játéktorta, szék a babaházból, kendő, telefon – bármi!

A mese:
– *(torta)* Peti nagyon szerette az édességet, legszívesebben csak ezt evett volna. A születésnapján kapott egy kicsi tortát is, amit egyedül megevett.
– *(kendő)* Nagyon megfájdult a foga. Az anyukája adott neki orvosságot, és is be is kötötte az arcát egy kendővel, de nem múlott el a fájdalom.
– *(mobiltelefon)* Telefonáltak a fogorvosnak, hogy mehetnek-e a rendelőbe.
– *(kisautó)* Beültek a kocsiba, de útközben kifogyott a benzin. Stb.
(A mese folytatása a tárgyaktól függ.)

Végtelen mesék (*Farkas Annamária*)
Fejlesztési terület: fantázia, kifejezőkészség.
Egy alkalommal csak egy-egy mesét vegyünk sorra. A feltett kérdésre mindenki elmondhatja a maga ötletét.
A játék szabálya:
Folytassuk a jól ismert meséket ott, ahol a meseíró abbahagyta!

1. variáció
– Mi történt a kiskakassal, amikor hazavitte a gazdasszonyának a rézkrajcárt?
– Mi történt, miután Sündisznócska hazalovagolt a medve hátán?
– Beletörődött-e a farkas, hogy nem tudott hozzáférni a három kismalachoz a téglaházban?
– Sün Balázs a saját házának is a küszöbére szorult. Mit tett ezután?

2. variáció
... *és mi történt volna*, ha
– a kopasz farkas nem szalad el a végén?
– a csillagszemű juhász most sem mondja, hogy „Adj Isten egészségére"?
– ha a „Só" c. mesében az erdőben bujkáló királylány nem találkozik a királyfival?
– a nagymama nem nyitja ki az ajtót a farkasnak?
– Juliska elszökik a boszorkánytól?
– az utolsó tulipán sem engedi be a pillangókat?
– a kiskondásnak életlen a kése, amikor bekapja a kisgömböc?
– ha a királylány nem akar hozzámenni a királyfihoz?

„Forró szék"
Fejlesztési terület: Kérdéskultúra, fantázia, kifejezőkészség.
Bármilyen témára alkalmazható, de óvodában leginkább a meseszereplők meginterjúvolására vált be.
Egy ismert mese szereplőjét személyesíti meg (kezdetben) a felnőtt, de ha már megismerik a játékot, egy gyerek lép szerep-

be. A játék bevezetésénél hívhatunk segítségül egy másik felnőttet, aki mintát ad a kérdésekhez (enélkül lehet, hogy csak a kedvenc színre, ételre, ruhára kérdeznek rá.)

Pl. kérdések a „Terülj, terülj, asztalkám" fogadósához:
– Miért loptad el az asztalkát?
– Hova dugtad?
– Honnan volt neked egy ugyanolyan asztalod?
– Miért nem vetted meg inkább az asztalt Nyakiglábtól?
– Mit gonoszkodtál máskor?
– Amikor nem loptad el az asztalt, ki főzött a vendégeknek?

(A játék során teljesen kirajzolódik egy-egy szereplő élete, érzései, megismerjük a mindennapjait, a családját stb. Kiválóan alkalmas a fantázia és a kérdéskultúra fejlesztéséhez, a párbeszéd gyakorlásához a játék.)

Talált tárgyak (*Farkas Annamária*)
Fejlesztési terület: *képzelet, kifejezőkészség*
A BKV „talált tárgyak osztályára" érkezett be néhány tárgy. A dolgozók megpróbálják kitalálni, ki lehetett a gazdájuk, hogyan vesztette el, mire használta ezeket, hova ment, vagy éppen honnan jött.

„Fele sem igaz"
A kitalált, rövid történetben hibákat rejt el a mesélő (kezdetben az óvónő, aztán a gyerekek). A gyerekek jelzik, ha észrevették a hibát. („Nem igaz!")
Pl. „Elmentem a játékboltba. Vettem egy babát és két zsemlét" stb.

„Meséld el" (*Farkas Annamária*)
Fejlesztési terület: *képzelet, kifejezőkészség, gondolkodás (a tárgyak közé logikai kapcsolatot találni).*
Különböző játékeszközökből egy jelenet állóképét rendezzük meg. Pl.: Vár, mögötte erdő. Az erdőben egy hatalmas tigris, előtte egy fekvő királylány.
Lényeg, hogy a szituáció tartalmazzon valami meghökkentőt, valami feszültséget.

Akit megihletett a jelenet, elmondja a saját rövid kis meséjét róla.

A mesét mindig a „Hol volt hol nem volt…" formulával kell indítaniuk, ezzel elkerüljük, hogy csak felsorolják a tárgyakat, vagy egy mondatban összegezzék a bonyodalmat. A mesék önálló kis történetek, nem kapcsolódnak az előző meséhez. (Pl. a királylány sétált az erdőben, meglátta a tigrist és ijedtében elájult, de a tigris a hátára vette és hazavitte a palotába a királyhoz. Vagy a tigris épp megenni készül a királylányt, de akkor az erdőbeli kisállatok elzavarják a tigrist.)

Ha kezdenek kifogyni az ötletből, átrendezhetik a helyszínt – pl. a tigris felkerül egy fára, vagy odatesznek egy autót.

Figyelemfejlesztő játékok

Titkos karmester
Fejlesztési terület: figyelem, megfigyelés.
Valaki kimegy. Titkos karmestert választunk, akinek a mozgását utánozza a csoport. A mozgások változnak, a többiek feltűnés nélkül alkalmazkodnak. A bejövőnek ki kell találnia, honnan indul ki a mozgás – ki a karmester?

Mit látsz, pilóta? _(Farkas Annamária)_
Fejlesztési terület: észlelés, szándékos figyelem, megfigyelés, ismeretszerzés (térképismeret, földrészek és jellemzőik).
Van egy óriási, keménylapú, lapozható képes gyerekatlaszunk, ezen szoktunk „utazni". Megbeszéljük, melyik kontinensre megyünk (a játék bevezetésénél választanak egy szimpatikus oldalt, és elmondom, melyik földészt ábrázolja).

A térképen a tavak, hegyek vulkánok mellett a jellemző ipari-mezőgazdasági termelésre, halászatra utaló rajzok is megtalálhatók.

Egy játékrepülővel köröz valaki a dupla oldal fölött, s ha a többiek megkérdezik: „Mit látsz, pilóta?", megnevezi a kiválasztott kis képet. (Ha pl. több fakitermelés van, és ő másikról választotta ki a rakodógépet, tovább keresnek. Aki először rábök az ujjával, az szállhat fel a repülővel.

Számadogató

Fejlesztési terület: Az együttműködés kiváló lehetősége ez a játék, jó közösségépítő, és mellesleg nagyon nagy önfegyelmet, koncentrációt igényel. A csoportnak „éreznie" kell egymást, olvasniuk kell a testbeszédből, hogy eljussanak a célig.

A játék egyszerű, csak el kell számlálni, mondjuk 10-ig (kezdetben 5-ig).

Felnőtteket is próbára tevő játék – ők megpróbálhatják a számlálást 20-ig is.

A gyerekek körben állnak, hogy jól lássák egymást. Egyikük (bárki) elkezdi a számlálást az egyessel, egy másik rámondja a kettest, és így tovább. De most jön a neheze, mert ha egyszerre többen szólalnak meg, elölről kell kezdeni a számsort.

Mókásabb, ha számok helyett egy maghatározott mondatot, verset kell végigvinni – ez inkább már iskolásoknak ajánlott.

Bumm!

Fejlesztési terület: Figyelemkonccentráció, a változatoknál emlékezet, ismeretrendezés.

Feladat: elszámlálni 10-ig (csoport fejlettségétől függően ezt emelhetjük, csökkenthetjük).

A számsort egymás után mondják a gyerekek, de bizonyos számot vagy számokat nem mondunk ki, helyettük azt mondjuk, hogy *„Bumm!"* – pl. az 5-nél és 10-nél. A számsor végére érve az egyessel folytatja a következő játékos.

Játszhatjuk a **hónapok nevével** (2, 3 hónapot *„Bumm"*-mal helyettesítünk), a **hét napjaival** (sz-szel kezdődők helyett tapsolunk), vagy ami még eszünkbe jut.

Kacsintós
Fejlesztési terület: Figyelem, reagálókészség.

Kettős körben állnak a gyerekek – kívül az „őrzők", előttük a párjuk, a „szökevények")

Egyvalakinek nincs párja, ő egy kacsintással próbál odacsalni magának valakit a belül állók közül. Az őrzők is figyelik a kacsintót, és a szökni induló párjukat egy érintéssel megakadályozhatják ebben. A sikeresen elcsalt „szökevény" a volt kacsintó mögé, őrző szerepbe áll. A hoppon maradt játékos az új kacsintó.

Nagyon nagy figyelmet igénylő játék, főleg ha már csak egészen észrevétlen szemmozdulattal vadásznak a kacsintók.

Valami megváltozott
Fejlesztési terület: megfigyelés, vizuális emlékezet.

1. Gyerekekkel
– A játékvezető egy gyerekkel kimegy, és a külsején megváltoztat egy apróságot.

Amikor visszajönnek, a többieknek ki kell találni, mi változott meg (pl. az egyik zoknit legyűri a boka alá; kiveszi a hajából a feltűnő csatot).

– Mindenki elfordul, és megváltoztat a saját külsején valamit, majd visszafordulnak. Feladat: ki talál több változást a társain?

2. Tárgyakkal
A kirakott 6–10 tárgyat sorba állítjuk. A játékosok becsukják a szemüket, a játékvezető megváltoztat valamit. Pl.:
– a sorrendjüket,
– egy tárgyat kicserélünk egy eddig nem látottra,
– elveszünk egyet,
– hozzáteszünk egyet.

3. Építménnyel (Farkas Annamária)
Ezzel a változattal kedvencé lépett elő a játék. 2–5 gyerek társasjátékként is szokta játszani.

10–15 színes rúdból (építőkockák) elkészítünk egy egyszerű kompozíciót, ezen hajtunk végre változást (egy keresztgerendát más színűre cserélek; a három fekvő rúdból egyet felállítok; a tornyot áthelyezem stb.).

Emlékezetfejlesztő játékok

Adj hozzá egy mozdulatot!
Fejlesztési terület: Figyelem, emlékezet.
Körben ülünk. A játékvezető elindítja a játékot egy mozdulattal (pl. megvakarja a fülét). A mellette ülő ismétli a mozdulatot, és hozzáteszi a magáét (pl. feláll). A harmadik gyerek fejet vakar, feláll, dobbant… és így tovább)

Találd ki, ki az!
Fejlesztési terület: Figyelem, gondolkodás (differenciálás, szűkítés).
Egy nyomozó becsukja a szemét, amíg a játékvezető kiválaszt egy gyereket, akiről majd mindenki mondhat egy jellemzőt. Pl. szőke a haja. Éva mellett ül. Farmer van rajta stb. A nyomozónak a hallott információkból kell összerakni, hogy kiről van szó.

Nevet nem szabad mondani, és nem szabad ránézni sem a kiválasztottra.

Cipőcsere
Fejlesztési terület: figyelem, emlékezet, önfegyelem.
A gyerekek körben ülnek a székeken, előttük a levetett cipőik. Alaposan megnézik a cipőket, rögzítik, kihez tartoznak. Egy (két) gyereket kiküldünk, a bent maradók közül kettő felcserél néhány cipőt – másik gyerekek elé helyezik. A behívott keresőnek vissza kell adnia a tulajdonosok cipőjét. Ha úgy gondolja, elkészült, megkérdezi: „Mindenki visszakapta a cipőjét?", s csak ekkor kaphat visszajelzést a gyerekektől.

Cipőcsere – Variációk (*Farkas Annamária*)
Fejlesztési terület: bevésés, rögzítés, figyelem, emlékezet.
– Helycserével – mindenki feláll, és egy másik cipőhöz ül le.
– Az összes cipőt középre tesszük, onnan kell a megfelelő gyerek elé helyezni.
– Cipő helyett tárgyakkal (mindenki elővesz egy tárgyat, és mond róla valami jellemzőt, hogy megjegyezzük, miért tartozik hozzá, majd a cipőcserés szabályai szerint megy a játék.)

Láthatatlan falu (*Farkas Annamária*)
Fejlesztési terület: bevésés, rögzítés, emlékezet, téri orientáció.
4–5 fős csoportok megformálnak egy épületet a faluból (pl. óvoda, bolt, cukrászda, templom, posta stb.) Minden csoport szobrát külön-külön megnézzük.
Ezután sorra elhelyezkednek az épületek a faluban.
„Láthatatlanná tesszük" a falut: mindenki kiáll a terem végébe. A játékvezető feladatot ad a kiválasztott gyerekeknek: „Hozd el a gyerekedet az óvodából, utána menjetek fagyizni a cukrászdába!" „X kergesse meg Y-t, aki az épületeket kerülgetve menekül!". „A tanító és a postás elindulnak a munkahelyükről, és találkoznak az óvodánál"
Vagy: mindenki egyszerre bejárja a falut, kerülgetve az épületeket.

Soroló
Fejlesztési terület: auditív emlékezet.
Összeállítunk egy 6 szóból álló sort (pl. „fekete, fehér, igen, nem, kicsi, nagy" – de lehetnek gyümölcsök, állatok, rövidebb mondatok stb.), ezt memorizáljuk. A játékvezető indítja a játékot az első szóval, majd a soron következő (vagy az, akinek dobja/viszi a labdát) mondja a következőt. A szósor végére érve elölről az első szóval folytatjuk. Aki téveszt, kiesik. A szósort menet közben bővíthetjük a csoport fejlettségének megfelelően.

Élő memória

Fejlesztési terület: figyelem, auditív emlékezet, önfegyelem.

A játék menete: A memóriakártyákat gyerekek helyettesítik. A párok megbeszélik, milyen tárgyat, élőlényt személyesítenek meg. Amíg a párok egyeztetnek, a két leendő versenyző kimegy. A párok szétszóródnak, és a két játékos a memóriajáték szabályai szerint egymás után szólítja a gyerekeket – ahogy az asztali változatban kártyát emelnek. A megtalált párok a versenyző mögé állnak.

Javaslataim:

– A párok alakulását érdemes felügyelni, hogy ne legyen három pár kutya, két pár repülőgép!

– Gyorsabb a folyamat, ha kis kártyákat adok nekik a képviselt dologgal – így nagyban csökken a szervezési idő (nem kell összebeszélni a pároknak, és nem kell leellenőrizni sem, hogy csak kettő azonos állat van).

A kártyás változatot már kisebbekkel is játszhatjuk – enélkül elég gyakran elfelejtik, hogy kik vagy mik ők.

– A versenyzőket „pódiumra" (székre) állítom, hogy jobban rálássanak a szétszórtan álló társaságra.

Mire használom a tanulásban?

Csoportosítás (Adott témában kell párokat alkotniuk)
– Háziállatok
– Madarak
– Rovarok
– Fák
– Zöldségfélék
stb.

Hozzárendelés
– Állatok és hangjaik
A pár egyik fele az állat nevét mondja, a másik a hangját utánozza.

– Állatok és jellemzőik (Kizárólag súgókártyákkal!)
A pár egyik fele az állat nevét mondja, a másik egy jellemző
jegyet. Pl. táplálkozás (kutya –hús, sün – rovar, veréb – magvak,
malac – mindent eszik, vidra – hal, tehén – fű), jellemző testrész
(toll – galamb, ormány – elefánt, agancs – szarvas stb.).

Gondolkodás

Tanácsjáték
*Fejlesztési terület: divergens gondolkodás, ok-okozat, problémameg-
oldás, együttműködés, kifejezőkészség.*
Felvetünk egy problémát, amire közösen keresik a gyerekek a
megoldást.
Mit tegyünk, ha...
– játszani szeretnénk, de nincs kivel?
– letörik az utcán a cipőnk sarka?
– elszakadunk az utcán vagy a buszon a szüleinktől?

Füllentőország
Fejlesztési terület: ismeretek előhívása, értékelése, döntés.
Füllentőországban értelemszerűen mindenki füllent, egy (az
idegen) mond igazat.
A gyerekek csukott szemmel körben ülnek, a játékvezető ki-
választ egy „idegent", aki igazat mond. A feladat, hogy a gyere-
kek egymás válaszaiból találják ki, ki az idegen.
A pedagógus mindenkinek feltesz egy eldöntendő kérdést (eze-
ket érdemes előre összeírni, hogy ne akkor kelljen gondolkodnunk),
a gyerekek a szerepüknek megfelelően igaz vagy hamis választ
adnak. Ha a kör végére érünk, tippelhetnek az idegen személyére.
A játék elején érdemes felhívni a figyelmet, hogy jól jegyez-
zék meg a saját kérdésüket is, mert hajlamosak főleg a többieké-
re koncentrálni!

Előfordul, hogy téves válaszok miatt több „idegenünk" is lesz a játék végére, de menet közben erre ne reagáljunk, úgyis kiderül a végén!

A játék bevezetésénél a „füllentő" menjen Igazmondó országba, mert nagyon nehéz kétszeresen átértelmezni a válaszokat. Választhatunk több külföldit is.

Variációk a Füllentőhöz (*Farkas Annamária*)
Fejlesztési terület: figyelem, mert rá kell állni arra, hogy itt a hamis válasz a jó
– memória, hisz' a többiek kérdését, válaszát is észben is kell tartani
– önfegyelem, mert csendben kell végighallgatniuk egymást, és menet közben nem reagálhatnak az idegen személyére
– a gondolkodás, mert értelmezniük kell az adott válaszokat, eldönteni, hogy igaz vagy hamis
– kifejezőkészség (ha a célunk csupán ez, tetszőleges témákban is mondhatnak állításokat.).

1. Az állításokat egy meghatározott témakörből kérjük. Pl.: Füllentőországban az állatokról, egy konkrét meséről, a közlekedésről (pl. szabályok) beszélgetnek.
2. Bonyolultabb, vagy kifejtős választ igénylő kérdéseket teszünk fel. Pl.: „Melyik állatra igaz az, hogy növényevő és nem patás?" (Egy állat vagy csoport *megnevezése*.) „Miért van szükségük az élőlényeknek vízre?" (*Kifejtős válasz*.)
3. A gyerekek kérdés nélkül mondanak egy-egy (hamis ill. igaz) állítást az adott témában.

Alkalmazása
– Ismeretek rögzítése, ismétlése, felmérése:
Tudásanyaggal kapcsolatos kérdéseket teszünk fel pl. állatok, évszakok, közlekedés stb. A játék során elismételhetjük az egész ismeretanyagot, képet kapunk a gyerekek tudásáról, és módot adunk a rögzítésre.
– Ismeretek tartalmi, érzelmi elmélyítése, szövegértés ellenőrzése:

Egy adott mese tartalmára kérdezünk. Körüljárhatjuk így a szereplők jellemét, a köztük lévő kapcsolatokat, a helyszíneket, az időrendiséget. „Beugratásként" néha belecsempészhetjük más olvasmányok hasonló szereplőit, történéseit.

A felkészülés során gondoljunk a differenciálásra, hogy testreszabott kérdéseket adhassunk a kisebb, a nagyobb, a tehetséges és a kevésbé felkészült gyermekeknek. A túlzottan nehéz kérdésekkel mi magunk növeljük a hibalehetőséget, és ezzel elronthatjuk a játékot. Ezért fontos, hogy olyan kérdést kapjanak a kisebbek, gyengébb képességűek, amikre tudnak válaszolni, de nem árt, ha a „jobbakat" megdolgoztatjuk a maguk feladványával

Kakukktojás

Fejlesztési terület: megfigyelés, gondolkodás (összehasonlítás, differenciálás, összefüggések megértése, döntés), kifejezőkészség (indoklás).

Valamilyen szempont alapján egymással összefüggő tárgyakat teszünk ki vagy rajzolunk, vagy csak felsorolunk (erdő, hegy, vár, tó, mező), a gyermekeknek ki kell választani az oda nem illőt és meg kell indokolniuk a választást. (A vár, mert azt nem a természet alkotta.)

Fektessünk hangsúlyt az indoklásra, mert csak az alapján követhetjük nyomon a gyerek gondolkodását!

(Kisebbekkel mindig tárgyakkal, képekkel játsszuk, amelyekből kiválasztják a nem odaillőt. Náluk is rákérdezhetünk, hogy miért azt az adott tárgyat/képet választotta.

Ájulós *(Farkas Annamária)*

Fejlesztési terület: gondolkodás (értelmezés, döntés), kifejezőkészség, fantázia, ismeretek rendezése – számunkra pedig az ismeretek ellenőrzése.

A gyerekek szétszórt alakzatban, egymástól nagyobb távolságra állnak.

Választunk egy játékvezetőt a gyerekek közül, aki igaz és hamis állításokat mond egy meghatározott témakörrel kapcsolatban (lehet egy mese, állatok, évszakok stb.). Ha igaz az állítás, ugrálunk örömükben, ha hamis „elájulunk" annak képtelenégétől.

Fejlettebb fegyelmű csoportban nem kell egy konkrét játékvezető, állítást bárki mondhat – az első megszólalóé a szó. Ha egyszerre ketten szólalnak meg, egyikük visszalép – nem illúzió, ez valóban működik!

Játszhatjuk témakör megadása nélkül is, bár ez tapasztalatom szerint nehezebb a gyerekeknek, mintha behatárolnánk a témát.

Környezet megismerése és matematikai tartalmak

A fent leírt játékok nagy része – pl. Ájulós, Kakukktojás, Gyűjtögetős, Füllentős, Barkochba, Tedd igazzá, Szobros stb. alkalmas környezeti témák feldolgozására.

Hátaspár
Fejlesztési terület: testséma
A játék menete: zenére körben járnak a gyerekek. Ha leáll a zene, párt keresnek, és a játékvezető által magadott testrésszel érintkeznek. (Homlok, térd, váll stb.)

Nehezítés: Nem a testrész nevét, hanem annak funkcióját, leírását mondja a játékvezető („amivel hallunk" „fogunk vele" „a karunk közepén van, hajlik".)

Becsapós
Fejlesztési terület: testséma, megfigyelés, korrigálás.
Az óvónő ritmikusan mondogat egy testrészt („fejed, fejed, fejed..."), és vele egy ritmusban ütöget egy MÁSIK testrészt (pl. könyökét). A gyermekeknek a megfelelőt kell mutatniuk. Pergően, gyorsan váltakozzanak az instrukciók!

Hova szállt a pillangó?

Fejlesztési terület: testséma.

Eszköz: Pillangó ujjbáb

Az óvónő a pillangóval megérinti egy gyermek valamelyik testrészét, s a gyermek megnevezi azt.

Visszajött a tárgyam

Fejlesztési terület: téma – természet kincsei, megfigyelés, tapintás, észlelés.

A gyerekek körben állnak. Különböző „kincseket" kapnak a kezükbe (ág, levél, csigaház, makk, bogyó stb.) Megnézik, megtapogatják, majd hátrateszik a kezüket. Jelre meghatározott irányban továbbadogatják a tárgyakat a hátuk mögött. Ha az óvónő tapsol, mindenki átáll a kör egy másik pontjára, és folytatódik az adogatás. (A helycserére azért van szükség, mert enélkül egyszerre érnének célba a tárgyak.)

Aki úgy érzi, megtalálta a saját kincsét, bekiáltja, hogy „Visszajött a fenyőgallyam!" Megnézi, és ha valóban visszaérkezett a sajátja, beül a kör közepére – ő már győzött. Ha tévedett, folytatja a játékot.

Addig játsszuk, míg minden tárgy meg nem érkezik.

Játszhatjuk úgy is, hogy belekeverünk máshonnan származó tárgyakat (pl. kagyló, szilva, cápafog), és a végén meg kell nevezniük a „kakukktojásokat".

Nehezítés: Játszhatjuk csak falevelekkel is, de ekkor nem a hátuk mögött adogatják, segítheti őket a látás is!

Ragadozómadarak *(Farkas Annamária)*

Fejlesztési terület: figyelem, ismeretek felidézése, rendezése; döntés.

A gyerekek (kismadarak) szaladgálnak a térben. A játékvezető madárneveket kiált be. Ha ártalmatlan madár nevét hallják, futhatnak tovább, ragadozómadár nevére fedezékbe vonulnak (pl. fákhoz szaladnak, vagy egy adott helyre).

Emlős, madár, hal...

Fejlesztési terület: Téma: állatok rendszertana, emlékezet, gyors felidézés, gondolkodás (szintézis).

A gyermekek körben állnak, a játékvezető egy labdával középen. A hívószólam végén („Emlős, madár, hal..." odadobja valakinek a labdát egy csoportnévvel („MADÁR!"). Aki a labdát kapta, mond – ezennel – egy madarat („fecske"), és visszadobja a labdát. Játszható más hívószólammal is – pl. „föld, víz levegő..." –, és gyűjthetünk állatokon kívül mást is (közlekedési eszközöket).

Helycserés játék

Fejlesztési terület: matematika – számképek, számjegyek; figyelem, azonosítás, reakciókészség.

A körben elhelyezett székekre előzetesen ráragasztunk egy-egy kártyát, amelyen dominóalakzatban (vagy szétszórtan) pöttyök vannak. A gyerekek, mielőtt helyet foglalnak, rögzítik magukban a saját számukat.

A játékvezető (egy gyerek a csoportból) mond egy számot, és azok, akiknek a székein ennek megfelelő „válasz" található, helyet cserélnek egymással. Egy szám több széken is szerepelhet, ilyenkor több gyerek is mozdul. A nullás (vagy üres) kártyára mindenki helyet cserél, és a játékvezető is igyekszik elfoglalni egy így megüresedett széket. Az általános helycserével biztosítjuk, hogy egy gyerek több számmal is találkozzon a játék során. Nagyon jó, ha a pedagógus is játszik!

Variáció:

A székek szétszórt elrendezésben vannak a teremben, a gyerekek kezében kártyák, rajtuk számképek vagy számjegyek. Játék: séta a térben, közben a gyerekek folyamatosan cserélgetik a kártyáikat a szembejövőkkel. (Erre azért van szükség, hogy minden játékban új számot kapjanak.) Jelre minden gyerek keres egy, a kártyájának megfelelő széket. Aki utolsónak ül le, egy körből kimarad (ülve marad a székén).

Forgószél

Fejlesztési terület: matematika – mennyiségfogalom.

A gyerekek szaladgálnak a térben. A játékvezető (ő a forgószél) bekiáltja, hogy „Jön a forgószél!", és hozzá mond egy számot – pl. három. A gyerekeknek ennyi főből álló kört kell alkotniuk. Azt a kört, amelyik több vagy kevesebb tagból áll, elviszi a forgószél. A forgószél az óvónő, aki a kört megszakítva kézen fogja az elöl álló gyereket, és egy játszmára kikacskaringózik velük a játéktérről.

Fészekkereső

Fejlesztési terület: matematika – több, kevesebb, ugyanannyi.

A földre – nagy körben leteszünk néhány tornakarikát – ezek a fészkek. A fészkek alkotta körön belül röpködnek a madarak (futkároznak a gyerekek), jelre berepülnek egy fészekbe.

Feladat: Melyik fészekben mennyi madár van? Melyikben van a legtöbb, legkevesebb?

Számláljuk meg magunkat!

Fejlesztési terület: számlálás.

A gyerekek körben ülnek. Akire rámutatunk, az mondja az „egy"-et, a mellette ülő a „kettő"-t, és így a végéig.

(A gyülekezési idő végén, a napi program elején így szoktuk megállapítani, hányan vagyunk, nagycsoportban azt is, hányan hiányoznak, ha a létszám 25, és persze sorra vesszük a hiányzókat, és hogy miért nem jöttek ma.)

Variáció (*Farkas Annamária*)

Fejlesztési terület: számlálás, hosszútávú emlékezet, összetartozás, és nem utolsósorban „csak" jó hangulat, vidámság.

Reggel, érkezésnél mindenki kap egy számot (írjuk fel magunknak!). Az egyes mindig az én számom. A nap során váratlan időben bejelentem, hogy „Számolunk", és végigfuttatjuk a számsort.

Nagyon szeretik, ha ezt bújócskával kombináljuk. Tapsra mindenki elbújik (ajtó mögé, asztal alá, ágyazós szekrénybe, rajzállvány mögé stb.), és onnan kurjantja be a számát, ha az egyessel elindítom a sort.

Játék a cipőkkel (*Farkas Annamária*)
Fejlesztési terület: párosítás (külső jegyek alapján), azonosság-különbség, pár fogalma, mérés, számlálás, több-kevesebb, kisebb-nagyobb.

1. Cipőszüret
Halomba szórt cipőket két játékos egy-egy bottal hordja a saját karikájába. Versenyjáték.

2. Cipővonat
A levetett cipőket középre halmozzuk. Jelre két csapat (vagy két játékos) „vonatot" épít belőle a saját térfelén. (Nem kell párosítani!) A cipőknek szorosan érintkezniük kell. A játék addig tart, amíg el nem fogynak a cipők.
    Melyik vonat áll több vagonból?
    (Méréshez: Melyik a hosszabb?)

3. Párosító verseny
Csapat- vagy páros játék
Az összekevert cipőket párban gyűjti be a két versenyző – vagy csapat.
    Eredmény megállapítás számlálással.

Válogatós (*Farkas Annamária*)
Fejlesztési terület: Természet: állatok – rendszertani kategória, élőhely, táplálkozás stb.; gondolkodás (analízis, szintézis, összefüggések).
    Matematika: halmazképzés tulajdonság szerint – halmazok számossága, több-kevesebb-ugyanannyi.

A terem különböző pontjain elhelyezek dobozokat, rajtuk egy-egy állatikonnal, amelyek a rendszertani kategóriára utalnak (emlősök, madarak, halak, rovarok, hüllők stb.) – ezek a birodalmak. A szőnyegre kiborítjuk a nagy állatos kosarat (élethű, műanyag állatfigurák), majd kezdődhet az állatok „hazaköltöztetése" a saját birodalmukba. (A mozgással kombinált játékot jobban élvezik, a figyelem tovább fenntartó.)

Változatok:

1. A dobozokba más szempontok alapján csoportosítunk
   – élőhelyek képei (víz, vízpart, erdő, mező, farm háziállatoknak, őserdő stb.)
   – táplálékok képei (állatok, rovar, gyümölcs, fű, vegyesen minden, magvak)

2. Egyéni fejlesztéshez vagy páros játékként két gyereknek:
   Valamilyen titkos szempont alapján kezdek kigyűjteni állatokat. Amikor a gyermek felismeri a szempontot, megnevezi. Most ő válogat, és én nevezem meg a szempontot.

Vonatcsináló

Fejlesztési terület: matematika – számlálás, több-kevesebb-ugyanannyi.
Három-négy gyerekre fejdíszt adunk – ők a mozdonyok. Sípszóra felszállnak az utasok – a gyerekek tetszőleges mozdonyhoz kapcsolódnak. Melyik vonatban utaznak többen?

Játék a színekkel

Színcápa
Fejlesztési terület: színek.
A cápa a terem közepén áll, a gyerekek a terem egyik végében. A cápa mond egy színt. Akinek az öltözékében van ilyen, bántalanul átsétálhat, akinek nincs, elkaphatja a cápa. Cél: átjutni a másik oldalra.

Színgyűjtő
Fejlesztési terület: színek.
Az óvónő mond egy színt, a gyerekek ilyen tárgyakat keresnek, és hoznak oda a teremből.

Színes terminálok
Fejlesztési terület: színek.
A terminálokat kiragasztott színek jelölik a teremben. A gyerekeknél színkártyák vannak. A pilóták kapnak egy színkártyát. Jelre felszállnak a gépek, újabb jelre leszállnak a megfelelő színű terminálnál. A következő felszállások előtt a pilóták csereberélik a színkártyáikat.

Színes mese *(Farkas Annamária)*
Fejlesztési terület: Figyelem, színek.
Rögtönzök egy mesét, amelyben sok-sok szín van. A gyerekek 2–2 színkártyát kapnak. Aki meghallja a saját színét, felemeli a kártyáját.

Pl.: Szép tavaszi nap volt. Kéken borzolódott a víz, az égen fehér bárányfelhők úsztak. A zöldellő nádasban egy fekete szárcsamama ült a fehér tojásain. Két kíváncsi kecskebéka nézte a közelből. Csak úgy ragyogtak a zöld testükön a fekete pötytyök. Órák óta várták, mikor kelnek már ki a barna fiókák. Nem kellett sokáig várni, mert egyszer csak felállt a szárcsamama, és az egyik megrepedt tojásból előbukkant egy sárga csőröcske. Stb.

Asszociációs játék
Fejlesztési terület: színek, képzelet, gondolattársítás.
Az alábbi mondatot minden gyerek elmondja, beleillesztve a saját gondolatát:
„Nekem a **pirosról** (kékről, szürkéről) a ... jut az eszembe".
Nem baj, ha fogalmakat mondanak Pl. sárgáról a napfény, pirosról a vidámság, fehérről a tél.

Színdobókocka
Fejlesztési terület: színek, figyelem, emlékezet (a színekhez társított feladat megjegyzése).
Készítünk egy nagy dobókockát, amelynek mind a hat oldala más-más színű. Minden szín valamilyen feladatot jelöl, kivéve a fehéret – itt a csoport mondja meg, mi legyen a feladat.

A gyerekek körben állnak, és sorban dobnak, teljesítve a színek által jelképezett feladatot.

A feladatok:
Kék – fusd körül a kört.
Piros – bújj át egy ilyen ruhás gyerek lába között.
Sárga – fogj kezet valakivel.
Zöld – kapj be egy jutalomfalatot (zöldség- vagy gyümölcsdarabok).
Rózsaszín – táncolj (forogj körbe) valakivel a kör közepén.
Fehér – a csoport talál ki feladatot.

Színes karszalagok
Fejlesztési terület: színek, azonosság, különbség, közösségi nevelés.
4–5 különböző színű kargumiból választanak a gyerekek. Max. 5 db legyen egy színből.

1. Keressék meg egymást az azonos színűek.
2. Mindenki keressen a karszalagjával azonos színű ruhát viselő gyereket, és érintse meg.
3. Alkossanak csoportot úgy, hogy minden színből legyen egy közöttük. Cseréljék el a kargumikat egymással, és kezdődhet elölről a játék.

Téri orientáció

Ölbeültető
Fejlesztési terület: irányok, mozgásérzékelés, térérzékelés, bizalom (az irányítóban), felismerés tapintással vagy hang alapján.
A gyerekek szorosan, zárt körben ülnek a székeken. Egyikük a kör közepén áll bekötött szemmel, aki a játékvezető (kezdetben a felnőtt, később a gyerekek közül valaki) utasítása alapján mozog.

Pl.: „Lépj előre hármat! Fordulj balra. Lépj oldalra kettőt! Lépj hátra egyet! Ülj le!"

Az instrukciók alapján valakinek az ölében találja magát, akit tapintással, vagy a hangja után azonosít.

Sorakozó! (*Farkas Annamária*)
Fejlesztési terület: problémamegoldás, irányok, térérzékelés, testérzékelés.

Futás a térben, jelre sorakozó az óvónővel szemben, de...

– az óvónő a fallal szemben, két méterre áll, a sornak kanyarodnia kell valamelyik irányba. Két irányba kanyarodó sor esetén önállóan kell korrigálniuk, az óvónő nem segít, csak addig áll a helyén, amíg megszületik a jó megoldás.

– négykézláb alkotnak sort

– hason fekvés, az előző gyerek cipőjét érintve (ez többszörösen kanyargó sorkígyót eredményez)

– terpeszülésben, összekapaszkodva stb.

(Az óvónő minden alkalommal változtatja a helyét a teremben, rendszerint kevés helyet hagyva maga előtt, hogy kanyarodni kelljen.)

Robotirányítás (*Farkas Annamária*)*Fejlesztési terület*: irányok, mozgásérzékelés, térérzékelés, bizalom (az irányítóban).

Páros játék, az udvaron is gyakran játszák a gyerekek. Az előző játékhoz hasonlóan irányítják a robotot, de most nincs bekötve a szem. A vezető odairányítja a robotját pl. a mászóka alá, és ad egy feladatot („Kapaszkodj a létrába, húzd fel a lábad!"), egy fatuskóhoz („Lépj fel! Ugorj le!").

Itt a feladat az érdekes, mert a robot az utolsó pillanatig nem tudja, mit kell majd tennie.

Találj haza! (*Farkas Annamária*)
Fejlesztési terület: irányok, mozgásérzékelés, térérzékelés, tájékozódás térben, emlékezet, mozgás, egymásra való odafigyelés.

A gyerekek lassan sétálnak a térben, kezükben viszik a székeiket (Biztonságos technika: a támlát és az ülőlapot fogják, szék lába lefelé néz). Jelre leteszik a székeket. Leülnek, és mindenki megpróbálja rögzíteni magában a széke pozícióját (a terem melyik részében van, hova néz, kik a szomszédok).

Jelre futni kezdenek a székek között, újabb jelre vissza kell találniuk a helyükre.

Két-három kör után ismét megsétáltatják a székeket, hogy újabb pozícióból indulhassanak.

Változat: futás a székek között, jelre visszatalálni a saját székük elé, mellé, mögé stb. (Irányok gyakorlása.)

Jobb-bal!

Fejlesztési terület: irányok (jobb-bal).

Körforma, a gyerekek széken ülnek, egy középen áll – ő vezényel:

– Bal! – helycsere bal szomszéddal.

– Jobb! – helycsere jobb szomszéddal.

– Bal-jobb! – Mindenki másik széket keres, miközben a vezénylő gyerek is próbál széket foglalni magának.

A játék bevezetésénél színes hajgumit kapnak a jobb kezükre segítségül. A következő fok, amikor csak egy pacsit adok megőrzésre a jobb kezükbe (ezt néhányan szorosan markolják a játék végéig). Amikor már jól ismerik a két irányt, csak ellenőrzést tartok – emeljék fel a jobb kezüket –, és ha kell, korrigálok.

Madár és fészke

Fejlesztési terület: irányok, tájékozódás térben.

A földre rajzolunk egy rácshálót (mérete a csoport fejlettségétől függően lehet 4x4 vagy nagyobb).

A háló egyik sarkába tesszük a fészket. A madarak a másik sarokból indulnak.

Két dobókockával játsszuk: az egyik azt mutatja, hányat léphet, a másik, hogy milyen irányban. Ha a lépés rosszul jönne ki (pl. balra mutat a figura, de neki jobbra kellene lépnie, állva marad, míg újra rá kerül a sor.

Játszhatjuk asztali játékként is, bábuval.

(Javaslom, hogy nyilak helyett egy emberalakot rajzoljunk a dobókockára elöl- ill. hátulnézetben, ill. jobb és bal profiból, így nem lehet vitatható az irány.)

Jobb oldalamon van egy üres szék
Fejlesztési terület: _irányok (jobb-bal), reagálókészség (a nehezítésnél az üres szék pozíciójának megállapítása és a szék lefoglalása)._
A gyerekek körben ülnek, de eggyel több szék van. Aki mellett üres szék áll, maga mellé hív valakit: „Jobb oldalamon van egy üres szék, üljön ide XY!"
Most ott üresedik meg egy szék, és az a gyerek hív, akinek ez jobbra esik.
Nehezítés: A bal oldal is játékba lép. Ilyenkor a két játékos, akik között az üres szék van, ráütéssel foglalják el azt – az hívhat, aki gyorsabb volt.
Ismerkedő játékként is jó.

Vigyázz, süllyed! (_Farkas Annamária_)
Fejlesztési terület: _irányok, számlálás._
Séta a „mocsárban".
Foghíjasan körbetesszük a puzzle szivacslapokat, úgy, hogy ezek 3-as, 4-es 5-ös „szigeteket" képezzenek. Ez a biztonságos út, a közöttük lévő rés a mocsár. (Az út lehet tornakarika, rajzolt körök, megbízható csoport esetében kisszékek.)
Indításkor a gyerekek az „úton" állnak, a játékvezető diktálja az irányt és a lépésszámot: „Előre 3 lépés! Előre két lépés! Hátra egy lépés!"
Aki a mocsárba lépett, kiáll a játékból. Addig játsszuk, míg egy gyerek marad.

Gubanc
Fejlesztési terület: _irányok, testséma._
A gyermekek követik az instrukciókat. Pl.:
– Fogd meg a jobb kezeddel a bal válladat, a ballal a hasadat!
– Ballal a bal térdedet, jobbal a homlokodat! Stb.
(„Testünk" témakörben is ajánlott.)

IRODALOMJEGYZÉK

Játékkönyv *Kerekasztal Színházi Nevelési Központ, Marczibányi Téri Művelődési Központ 2002. Szerk.*: **Kaposi László**

Óvodai játékok *Szerk.*: **Kaposi László**

Drámajáték óvodásoknak Magyar Drámapedagógiai Társaság 2001, *Szerk.*: **Kaposi László**

Debreceni Tibor: Kreatív játékok *Bp., 1994*

Gabnai Katalin: Drámajátékok – Bevezetés a drámapedagógiába *Helikon, 2011*

Lovas Mihályné – Tarr Ágnes: Varázstükör Óvodapedagógiai füzetek 2011

- http://www.szolnokiovodak.hu/pdf/tudas_tar/2014-2015/20142015-07.pdf
- https://www.bibliai-kincsestar.hu/news/onismereti-jatekok-gyerekeknek/
- http://ujalma.hu/wp-content/uploads/2012/01/jatekgyujtemeny_tanaroknak.pdf

A szerző

Farkas Annamária Kalocsán, 1961.12.14-én szüle-
tett. Főiskola után véletlenül került a pedagógiai
pályára, az óvodapedagógusi alapdiploma mellé
2001-ben drámapedagógiai diplomát is szerzett.
Módszerfejlesztéssel foglalkozott, ennek eredmé-
nyét akkreditált előadásokon, gyakorlati bemu-
tatókon osztotta meg az érdeklődőkkel. Kisebb
írásai jelentek meg pályafutása során, pl. az Óvodai
humorzsák (gyerekszáj-gyűjtemény), Tág a világ
(anyanyelvi munkafüzet), illetve cikkek szakfo-
lyóiratokban. Szabadideje nagy részét olvasással
tölti – főleg a XX. századi történelem, politikai
valóság érdekli. Imád játszani, rajzolni, mesét írni, új
dolgokat kitalálni, és szeret kiteljesedni a gyerekek
között. Két fia és egy kislány unokája van, akik fon-
tos szerepet töltenek be életében.

A kiadó

Aki feladja,
hogy jobbá váljon,
feladta,
hogy jobb legyen!

E mottó alapján a novum publishing kiadó célja
az új kéziratok felkutatása, megjelentetése,
és szerzőik hosszútávú segítése. Az 1997-ben
alapított, többszörösen kitüntetett kiadó az egyik
legjelentősebb, újdonsült szerzőkre specializálódott
kiadónak számít többek között Ausztriában,
Németországban és Svájcban.

Valamennyi új kézirat rövid időn belül egy
ingyenes, kötelezettségek nélküli kiadói
véleményezésen esik át.

További információkat a kiadóról és
a könyvekről az alábbi oldalon talál:

www.novumpublishing.hu